Der Heckenphilosoph

Liebe Werner! zum 85. alles Liebe + Gute ♡ Liebe Grüße! Michael + Inge

Michael D. Wolf

Der Heckenphilosoph

Geschichten aus dem Labyrinth des Lebens

Mit einem Vorwort von Anne Koark

Verlag Monika Fuchs

Bibliografische Informationen der Deutschen Nationalbibliothek:

Die Deutsche Nationalbibliothek verzeichnet diese Publikation
in der Deutschen Nationalbiografie;
detallierte bibliografische Daten sind im Internet über
http://dnb.d-nb.de abrufbar.

ISBN 978-3-940078-06-3

http://www.heckenphilosoph.de

www.verlag-monikafuchs.de
Umschlaggestaltung: Monika Fuchs | Hildesheim
unter Verwendung zweier Fotos des Autors © Michael D. Wolf
Satz und Layout: MedienBüro Monika Fuchs | Hildesheim

Printed in EU 2010

Widmung

Und?

Wem widme ich dieses Buch?

Allen denen, die meinten, ich solle Buchstabe um Buchstabe aneinanderreihen, bis ein Buch daraus werde.

Mein tiefster und innigster Dank aber gilt einem Wesen – nicht nur eine Engländerin, sondern auch ein wahrer Engel – das mich ja schon fast nötigte, das, was in meinen zwei von drei Hirnwindungen tagtäglich entsteht, einer breiten Masse von Lesewilligen zwischen zwei Buchdeckeln zugänglich zu machen.

Den Namen will ich hier aber, zu ihrem eigenen Schutz, nicht nennen. Es könnte ja sein, dass sie sich dann schämt, dass ich auch ihr dieses Buch widme.

Inhaltsverzeichnis

Was ist ein Heckenphilosoph?

Vorwort von Anne Koark

Die erste Silbe der Hecke, nämlich »heck«, bedeutet »beschützen«, »behüten«. Eine Hecke umgrenzt einen Ort und beschützt ihn. Wie oft haben wir eine natürliche Abgrenzung unserer Gedanken im Kopf – unsere ganz persönliche Hecke, die uns zwar beschützt, jedoch zugleich davon abhält, über unsere persönlichen Zäune im Denken hinauszuschauen! Der Heckenschneider schaut über diese Hecke. Der Heckenphilosoph führt uns über diese Grenze hinaus in eine neue Welt des Denkens. Mit seinen Betrachtungen der Natur, mit dem Mut im Alltag, mit dem Wert des Ertastens führt er uns in eine andere Welt: eine Welt, die zum Nachdenken anregt.

Platon beschrieb einen Philosophen als einen Menschen, der das Schöne, das Gute und die Wahrheit liebt. Der Philosoph bedenkt das menschliche Dasein und die Welt, er will beides verstehen und versucht zu deuten.

Im Gegensatz zu den anderen Wissenschaftenbeschränkt sich die Philosophie auf keinen bestimmten Gegenstand. Die Philosophie ist eine Wissenschaft, die sich mit den Dingen des Alltags beschäftigt, die für uns so selbstverständlich erscheinen und die dennoch immer wieder neue Fragen aufwerfen, wenn man sie von allen Seiten betrachtet. Sie zeigt uns neue Perspektiven auf. Perspektive ist auch perspektief – also Per (Für) – Spekt (Schauen) – Tief (Tief).

Und der Philosoph lässt uns wirklich tief blicken. Manche der besten Philosophen kommen dieser Wissenschaft nach, da sie sich unwillkürlich beruflich mit dem Alltag beschäftigen müssen.

Viele der Philosophen waren Künstler – so auch unser Heckenphilosoph. Topiari ist das kunstvolle Schneiden einer Hecke. Die Kunst dieses Heckenschnitts wurde bereits in der Antike angewandt, also in der Zeit so berühmter Philosophen wie Sokrates, Platon, Aristoteles und Cicero. Traditionell muss der Heckenschneider, der Topiar, seine Kunst mit Geduld und einer ruhigen Hand ausführen. Oft werden Tiere als Vorbilder für die lebenden Kunstwerke des Heckenschneiders genommen. Manchmal schneidet der Topiar aber auch ein Labyrinth, das uns zurück in die Antike, mit den Gedanken in die Gegenwart und mit der Lösung, wie man herauskommt, in die Zukunft führt. Das Labyrinth ist ein magischer Ort der Ruhe und Besinnung. Cicero sagte: »Frei sind unsere Gedanken«. Der Heckenschneider formt seine Gedanken so, dass jeder Betrachter sie in den Formen der Hecke erkennen kann. Aber während er seine Hecken formt, sitzt er auch mitten im Leben, mitten in unserem Alltag und beobachtet, was Menschen beschäftigt und wie die Welt funktioniert.

In der heutigen Zeit wird die Kunst des Heckenschneidens viel häufiger als Hobby bei der normalen Gartenpflege betrieben. Die Hecken werden zu Abgrenzungen von Grundstücken geformt, sodass uns die Gedanken in Form eines Kunstwerkes nicht offenbar werden. Und dennoch sieht der Heckenschneider, was um ihn herum passiert. Er blickt über die Grenze und beobachtet die Geschehnisse auf der anderen Seite der Hecke. Während er mit seiner ruhigen Hand die Hecke formt, schweifen seine Gedanken umher. Wie schön wäre es, wenn wir die philosophischen Gedankengänge des heutigen Heckenschneiders sehen dürften. Genauso wie in der Antike werden die Fragen des Lebens behandelt. Das Wort Philosoph bedeutet einen Freund (philo) der Weisheit (sophia).

Das Wort Hecke kommt aus dem Althochdeutschen – von dem Wort hegga, das »hegen«, »umzäunen« bedeutet. Die Hecke selbst ist aber ein Linienbiotop. Auf kleinstem Raum finden hier viele verschiedene Tiere und Pflanzen gute Lebensbedingungen. Für manche Tiere ist sie überlebenswichtig, beispielsweise für Reptilien. So steht die Hecke also auf der Grenze zwischen unseren Grundstücken und beherbergt genau dort ein reges Treiben, so wie das Treiben unserer Gedanken, wenn wir die Welt mit unseren eigenen Augen betrachten. Der Heckenphilosoph ist also derjenige, der die Liebe zur Weisheit hegt und umzäunt und uns erlaubt, über die Grenze unserer Gedankenwelt zu schauen.

Und ein solcher Freund der Weisheit ist unser Heckenphilosoph Michael D. Wolf. Er führt uns in die gedanklichen Kunstwerke des heutigen Topiars, der unbeobachtet über die Hecken eine ganz neue Sicht auf die Dinge des Alltags bekommt. Mit seinen witzigen, aphoristischen Darstellungen des Lebens lässt er uns über unsere persönliche Hecke hinausblicken in die Welt der Anderen, in das Labyrinth des Lebens, und erlaubt uns damit eine ganz neue Sicht auf Alltagssituationen, die uns allzu selbstverständlich geworden sind.

Die meisten Philosophen standen fest im Leben und übten die unterschiedlichsten Berufe aus. So war Cicero Politiker und Anwalt, Platon war Lehrer und Politikberater,

Aristoteles war Forscher und Erzieher, Sokrates war Bildhauer und Soldat. Bei unserem Heckenphilosophen, Michael Wolf, verhält sich dies ganz ähnlich, denn nach Ausbildungen in der Chemie und in Verfahrenstechnik, dem Erwerb fundierter Kenntnisse in der Baubranche, Spezialisierungen in der Unternehmensführung und im Vertrieb, in der Managementberatung, bei der Immobilien- und Finanzplanung und als Erfinder mit mehreren eingetragenen Patenten bringt er alles mit, was man für eine Rundum-Betrachtung der Welt benötigt. Beim Schneiden der Hecken führt ihn all dies in Verbindung mit der ihm umgebenden Natur zu Gedankenspielen, die einen köstlichen Blick in die normale Welt des Einzelnen erlauben.

Michael Wolf ist ein Denkkünstler, dem es Spaß macht zuzuhören und zu lesen und dem man seine Liebe für das Schreiben anmerkt. Mit seinen Alltagsgeschichten führt er uns mit Freude über die natürlichen Zäune unserer Gedankenwelt und lässt uns wie in der Antike neue Blickwinkel entdecken, die wir mit einer gewaltigen Portion Witz genießen dürfen.

Die Geschichten von Michael Wolf sind eine Freude für jeden, der die Welt durch kurzweilige und interessante Geschichten, die zu jedermanns Genuss geschrieben sind, neu erfassen möchte. Wir sehen unsere Umgebung, uns selbst mit unserem Wirken und lernen den wirklichen Chef kennen. Hoffen wir, dass der Heckenphilosoph nicht mit diesem Buch halt macht, sondern uns weitere heitere Ausflüge in seine Welt erlaubt, die bunt, witzig und voller Neuheiten in der Betrachtung des Alltags ist.

Ihre Anne Koark

www.anne-koark.de

Geschichten

aus dem

Labyrinth des Lebens

Vorgestellt

Da sitze ich nun, ein leeres Blatt vor mir und es will mir nicht einfallen, was ich mit diesem Blatt aus Papier anfangen soll. Soll ich es bemalen oder vielleicht doch eher falten, am Ende gar beschreiben?

Nein!

Ich werde mein Wissen behalten.

Oder doch nicht?

Das Klingeln des Telefons reißt mich aus meinen Überlegungen, was ich mit dem Blatt aus Papier anfangen soll. Gerade, als ich aufspringen will, um zum Telefon, das schon zum vierten Mal klingelt, zu laufen und es zu beruhigen, höre ich aus der Ferne: »Ja?«

Meine Frau ist so lieb gewesen, das nervtötende Geklingele des Telefons durch Abheben des Hörers aus meinen eh schon belasteten Gedanken zu entfernen.

Aber: Ich verstehe einfach nicht, warum sich die Menschen am Telefon nur mit einem: »Ja?« melden. Man hat doch einen Namen, den man nennen kann. Oder?

Ein Name ist doch was ganz Persönliches, auf das man stolz sein kann! Sicherlich, es gibt manche, die ihren Namen besser nicht nennen sollten.

Aber ein Name bleibt ein Name!

Also ich, ich heiße Michael D. Wolf – das große D. in der Mitte steht für Dieter – und wer mehr erfahren will über mich, der kann ja weiterlesen.

Prolog

Es ist Wochenende! Und wie so oft am Wochenende überkommt mich das Bedürfnis zu schreiben. Nicht, dass Sie denken, ich hätte nichts anderes zu tun, als die Welt mit meiner Schreibe zuzumüllen. Doch! Habe ich!

Ich komme nämlich gerade von meinen Weibern und habe dort in mehreren Stunden eine dreißig – es können auch einunddreißig oder nur neunundzwanzig, so genau habe ich das nicht gemessen – Meter lange und ungefähr zwei Meter hohe Hecke geschnitten. Jetzt sieht sie wieder so aus wie ich meine, dass alle Hecken aussehen müssen. Und auch der Müll ist aufgekehrt und entsorgt. Und bei solchen Arbeiten (ich nenne sie »Kreativarbeiten«) habe ich eines, sofern man mir meine Ruhe lässt: Zeit!

Zeit zum Nachdenken und zum Beobachten. Zum Beobachten, was auf der anderen Seite der Hecke geschieht. Nachdenken über dies und das. Während ich also so vor mich hinarbeite, schweifen meine Gedanken in alle möglichen Richtungen des Lebens ab und kommen mit vermeintlichen Lösungen oder auch mit Geschichten zurück …

Politik? Vergiss sie!

Technik? Steckenpferd.

Kunst? Marc Chagall.

Wirtschaft? Gibt es noch viel zu tun.

Literatur? Schrift gewordene Sprache.

Und noch vieles mehr …

Einen Tag in der Woche, vorwiegend im Frühjahr und im Sommer, muss ich mich schon kümmern um sie, manches Mal auch zwei, um eben diese Weiber – und das seit über fünf Jahren. Zu dieser Zeit wurden sie mir überlassen – zur Pflege und zur Hege. Würde ich sie nicht züchtigen, könnte es leicht passieren, dass sie mir über den Kopf wachsen. Außerdem macht es Spaß und gibt mir ein Gefühl tiefer innerer Zufriedenheit, wenn die Grünflächen kurzgeschoren wie ein Teppich vor mir liegen und die Hecken in sattem Grün in der Landschaft stehen.

Ich weiß es noch genau, wann wir die Hecke pflanzten. Es ist schon mehr als dreißig Jahre her. Damals, noch jung und hübsch – heute nur noch hübsch –, empfand ich es als brauchbare Idee, mich bei meinen damals zukünftigen Schwiegereltern einzuschmeicheln, indem ich die Pflanzen besorgte und sie auch einpflanzte. Fortan war ich »der liebe gute Bub«! Und zur Belohnung bekam ich, wonach mein Herz rief – ihre Tochter, die Jahre später zu meinem Peter wurde.

Weiber meiner Begierden

Dort liegen sie – nein, manche stehen – in der schweren Schwüle des Sommermorgens. Noch nicht ganz wach von der kurzen angenehmen Kühle der Nacht. Perlen von Tau sammeln sich an den feinen Gliedmaßen ihrer Körper. Manche der Weiber sind groß und grazil, manche klein und gedrungen, andere flach und wieder andere üppig und rund. Junge sind auch darunter, aber die meisten sind schon in den Jahren guter Reife. Ja, Stachelige und Widerborstige gibt es auch unter ihnen. Bei denen ist Vorsicht geboten – manchesmal sogar äußerste Vorsicht! Aber im Großen und Ganzen haben sie mich alle lieb. Sie wissen, dass ich gut zu ihnen bin.

Wie so oft an solchen Tagen warten sie darauf, dass ich beginne – beginne mit Liebkosungen und der Pflege ihres Äußeren. Ich laufe an ihnen vorbei, über sie hinweg, berühre und fühle sie. Meine Hände dringen von oben und von unten in sie ein. Manche sind gerade noch feucht und an manchen Stellen noch richtig nass. Feuchte sind o. k., Nasse aber nicht gut – die Spuren, die ich in ihnen hinterlasse, würden zu tief sein.

Eine Tasse frisch gebrühten Kaffees in der Hand, setze ich mich zu ihnen, will warten. Warten, bis die Einen nicht mehr so nass sind. Zünde mir ein Zigarillo an und schaue. Schaue und überlege, was ich ihnen heute Gutes tun kann. Ich werde sie formen, säubern und ihnen Nahrung geben – den Weibern meiner Begierden.

Mir überlassen von meinem Schwiegervater:
die Grünflächen,
die Büsche,
die Hecken,
die Sträucher,
die Blumen,
die Tannen und
die Obstbäume –
in seinem großen Garten.

Lebensaufgabe

Neulich
traf ich
einen Berg.

Spitz?
Nein – weiblich!

Kantig?
Nein – umgänglich!

Bedeckt?
Nein – offenherzig!

Täler und Schluchten?
Nein – weise!

Einstieg rentabel?
Nein – wahrscheinlich zu hoch!

Probierst Du's?
Als Lebensaufgabe
wäre er es
wert!

Schatz zwischen zwei Deckeln

Es ist ein beschissener Sonntag. In meinem Hirn machen sich die Auswirkungen meiner selbst breit und das Wetter ist nicht Fisch und auch nicht Fleisch. Ich bin voller Spannung – aber weswegen? Die Spannung legt sich so sehr auf mein Gemüt, dass ich nervös, ja, sogar ein wenig gereizt bin.

Der Nervosität messe ich nicht viel Bedeutung bei, denn die ist ein ständiger Begleiter von mir.

Aber warum bin ich gereizt?

Keiner hat mir etwas getan, war böse oder sonst so schlimm zu mir, das es meine Gereiztheit rechtfertigt.

Ist die Nervosität daran schuld?

Bin ich ein Fall für den Psychiater?

Ich beschließe, einfach etwas zu tun! Aber was?

Ein Blick hinter mich – dort steht eines meiner Bücherregale in einem chaotischen Zustand. Gelesene Bücher in Reih und Glied. Gelesene Bücher, einfach durcheinander und übereinander gestapelt abgelegt. Unzählige Romane als Bücher mit Hardcover und als Taschenbücher, Fach- und Sachbücher, Zitatensammlungen, Zeitschriften. Ich schaue mir das Chaos an und beschließe, diesen Tag dem Ab- und Aufräumen der vielen Schriften zu widmen.

Ich sitze da, dem Bücherregal zugewandt und schaue. Schaue einfach auf das, was da steht. Das meiste kenne ich, denn ich habe es schon gelesen. Vollständig oder zumindest auszugsweise. Und dennoch – habe ich das behalten, was ich in diesen vielen Büchern gelesen habe? Habe ich beim Lesen der Kilometer um Kilometer langen – wenn man sie aneinander reihte – Sätze auch das Sinnvolle daraus behalten? Oder habe ich es nur aufgenommen und es ist danach in den Weiten meines Kurzzeitgedächtnisses wieder verlorengegangen?

So sinnierend schaue ich auf die vielen Bücher, lese Titel und Autoren.

Nicht wenige Autoren wiederholen sich. Das sind zumeist Bücher, die meine Frau las: Kriminalromane oder Romane über Agenten. Die Liebesroman-Leserin war sie noch nie. Sie musste immer Romane mit Spannung lesen, in denen es um etwas ging: Verschwörung, geheime Medikamente, Firmen oder Regierungen. Und wenn sie doch mal Liebesromane liest, sind es welche mit geschichtlichem Hintergrund.

Ich dagegen bin ein Alles-Mögliche-Leser, überwiegend aber ein Sachthemen-Leser. So finden sich in der nicht gerade kleinen Bibliothek sehr viele Bücher über Autos, Technik, Natur und auch biografische Bücher. Einen nicht unerheblichen Anteil haben auch Bücher mit mystischen Inhalten – Vergangenes und Sagenhaftes. Bücher von Minne, Schwert und der Anderswelt.

Oh je, irgendwann muss ich aber anfangen mit dem Aufräumen und dem Saubermachen der Bücher!

Saubermachen?

Können Bücher überhaupt schmutzig werden?

Nein!

Es kann sich höchstens, wie auf dem Bücherregal auch, ein wenig Staub ablagern. Denn man hat ja nicht alle Bücher jeden Tag in der Hand, so lagert sich über die Zeit Staub ab.

Das ist halt so!

Aber schmutzig werden können Bücher einfach nicht!

Um dem Staub Herr zu werden, hole ich mir einen Staubsauger mit einer Pinseldüse. Fange an, die Bücher aus dem Regal zu holen und sie mit dieser Pinseldüse an der Traufseite staubzusaugen und auf den Fußboden zu legen. Nach etwa einer Stunde stehe ich inmitten von Bücherstapeln – hohen, mittelhohen und kleineren.

Mit einem Eimerchen und entsprechenden Reinigungsutensilien mache ich mich daran, das Bücherregal ebenso vom Staub der Jahre – denn wer räumt schon ständig zum Behufe der Reinigung seine Bücherregale aus? – zu befreien. Da werden sich die Bücher aber freuen, wenn sie wieder in ein frisch geputztes Bücherregal einsortiert werden, denke ich so bei mir.

Als Bücher und Bücherregal von der lästigen Begleiterscheinung der Jahre befreit sind, merke ich, wie ein Gefühl der Zufriedenheit in mir aufsteigt. Zufriedenheit darüber, dass meine oben noch als beschissen beschriebene Stimmung umgeschlagen ist. Also war es bis jetzt doch eine lohnende Arbeit oder Beschäftigung, um die Stimmung aufzuhellen. Ja sogar das Wetter draußen ist besser geworden – die Sonne lugt zwischen den Wolken hervor!

Nun geht es wieder ans Einräumen des frischen und sauberen Bücherregals.

Es gibt verschiedene Methoden, ein Bücherregal einzuräumen. Man kann nach Autoren oder nach Themen oder auch einfach nach Größe der Bücher sortieren. Schon seit Jahr und Tag sortiere ich Bücher nach Größe in die Bücherregale. Das gibt zwar ein heilloses Durcheinander an Titel und Autoren, aber es sieht ordentlich aus, wenn die Bücher wie Zinnsoldaten in Reih und Glied stehen. Außerdem ist das ja keine öffentliche Leihbücherei, sondern meine persönliche Sammlung an Geschriebenem.

Und wenn ich etwas finden will, dann finde ich das schon.

Ich kenne doch die Bücher, die in meinen Regalen stehen!

Und wenn ein Anderer etwas sucht?

Ein Anderer hat an meinen Bücherregalen nichts zu suchen!

Meine Frau?

Die sucht auch nicht.

Die fragt und sagt: »Hol mir mal bitte ...!«

Meine Frau, ja also meine häusliche Regierung, verleiht auch schon Bücher. Aber nur an Menschen, die die Bücher so wieder zurückbringen, wie sie sie in Empfang genommen haben. Und wehe nicht!

Ich hingegen verleihe nicht gerne Bücher.

Warum eigentlich nicht?

Habe ich Angst, dass alles aus den Büchern herausgelesen wird und ich hinterher nichts mehr zu lesen habe?

Nein, ich verleihe halt nicht gerne – egal was.

Oft bekommt man das Verliehene erst nach mehrmaligem Ermahnen und dann beschädigt oder unsauber zurück.

Und dem setze ich mich durch ein striktes Nein erst gar nicht aus!

Das Internet ist, sofern man Zugriff darauf hat, eine fantastische Sache. Ich selbst bin sehr, sehr oft im Internet. Man findet nahezu über alles, das einen interessiert, etwas. Dann nicht nur einmal, sondern hunderttausende, ja sogar Millionen Mal. Aber wer will über eine Sache schon Millionen Mal informiert sein?

Ich nicht!

Und deshalb werde ich mir immer Bücher zulegen!

Bücher sind ein Schatz zwischen zwei Deckeln!

Einer oben und einer unten und dazwischen sind Seiten über Seiten bedrucktes Papier. Mal mehr und mal weniger, je nach dem, was einem der Autor alles zu erzählen weiß.

Elfer raus

Das Schloss des schweren Stahlgaragentores entriegelt und das Tor nach oben gewuchtet. Licht flutet in den Garagenraum und vertreibt die eingesperrte winterliche Dunkelheit: Da steht er, mein Freund!

Verborgen unter seiner Wintermütze aus Stoff. Ein großes, mehrfarbiges Emblem, aufgedruckt auf den hellbeigem Stoff, erweckt in mir Stolz und das Zugehörigkeitsgefühl zu einer Gemeinde – zur Gemeinde der Fahrer eines der letzten wirklichen Autos. Ich spüre förmlich seine Aufregung, von der ich mich infizieren lasse, unter dem Stoffkleid hervorkommen zu dürfen. Mein sonst eher niedriger Pulsschlag erhöht sich wie der Taktschlag auf einer Galeere beim Verlassen des Hafens.

Ich stehe vor ihm und überlege.

Überlege, wo ich mit dem Auspacken anfangen soll.

Hinten oder vorne?

Bei einem Weihnachts- oder Geburtstagsgeschenk ist das viel einfacher – die habe ich schnell ausgepackt. »Rupszerups« sind sie aufgerissen und liegen in ihrer Schönheit vor mir.

Bei meinem Freund ist das was anderes, den darf man nach sechsmonatigem Wintertiefschlaf nicht einfach erschrecken, so, wie man Rekruten zum Appell ruft.

Behutsam, aber schon getrieben von Neugier, bücke ich mich zu ihm hinunter, ergreife vorsichtig unter der Bugschürze den Stoff, um ihn über die Frontpartie zu lupfen.

Da kommt es zum Vorschein – sein breites Lächeln, als riefe er: »Hallo, hier bin ich. Es ist Zeit mich zu nehmen!«

Ihn halb aufgedeckt habend verharre ich im weiteren Auspacken und streichle mit dem Rücken meiner Finger über die Rundungen, die ich sehe. Es ist noch alles da, wo es war. Warum auch nicht?

Ich zerre und reiße das restliche Winterkleid über sein Dach hinunter zu seinem göttlichen Hinterteil und beseitige es ganz. Da steht er – fein geformt wie eine Marmorstatue im Louvre.

In meiner Hosentasche nestle ich nach dem Werkzeug der Begierde – dem Autoschlüssel –, entriegele die Alarmanlage und strecke meine Hand nach dem Türgriff aus. Beherzt drücke ich den Schlosszapfen hinter dem Griff und die Tür springt mit dem vertrauten metallischen Geräusch auf. Es ist das gleiche Geräusch, das seit Jahrzehnten zu hören ist, wenn man die Tür eines solchen Wagens öffnet – egal wo auf dieser Welt. Das Geruchsgemenge der verschiedenen Pflegemittel, die im letzten Herbst zur Reinigung benutzt wurden, vermischt mit dem Geruch von Leder, dringt in meine Nase. Spätestens jetzt weiß ich, dass ich wieder zu Hause bin!

Ich lasse mich in den Sitz gleiten und schaue. Schaue mir erst einmal alles an. Wie vor zehn Jahren, als ich das erste Mal in ihm Platz nahm.

Ich streichele über die Volllederausstattung wie über den Rücken einer begehrten Frau. Mein feiner Tastsinn nimmt die Glätte der Häute in sich auf und ich frage mich, wieso man nach so vielen Jahren noch empfinden kann wie am ersten Tag.

Erinnerungen werden wach ... Erinnerungen an Fahrten auf abgelegenen Straßen, schwungvoll und elegant wie ein

Wiener Walzer auf dem vorbereitetem Parkett einer Tanzfläche ...

Meine Handflächen gleiten über das Lenkrad, als ob ich behutsam zwei Frauenbrüste streichele. Es erinnert mich an das Vorspiel beim Sex.

Langsam dirigiere ich den Schlüssel zu jener Öffnung, die mir links vom Lenkrad entgegenlacht und mich auffordert, es zu tun. Die Spitze des Schlüssels dringt ein, bis er bis zum Schaft darin verschwindet. Ein erster Dreh, das Lenkradschloss entriegelt und eine Armada von Kontrolllampen strahlt mich an. Ein weiterer Dreh am Zündschlüssel und das Konzert hinter mir beginnt – als habe Karajan mit dem Taktstock die Blechbläser seines Orchester aufgefordert, mit ihrem Spiel zu beginnen.

Das sind sie, die Geräusche, auf die ich sechs Monate warten musste. Noch etwas wintermüde ist er, aber sich deutlich freuend – auf den ersten Ausritt.

Wir verlassen ganz langsam sein Zuhause und tasten uns behutsam zur Hofeinfahrt vor. Mit einem grazilen Satz springt mein Freund vom Hof auf die Straße, so, als wolle er sagen: »Nun hast du mich wieder«, und rollt Richtung erste Kreuzung. Mehr rollend als fahrend steuere ich die nächste Tankstelle an, um ihm die Mehrluft, die beim Stehen über den Winter nötig war, aus den Reifen zu lassen.

Raus aus der Stadt – die Nadel des Drehzahlmessers zeigt im vierten Gang auf die Drei. So cruisen wir Kilometer um Kilometer, ohne dass sich uns jemand in den Weg stellt. Die Anzeige der Öltemperatur nähert sich dem Wert, der erreicht sein sollte, bevor ich mal beherzt zutreten kann. Der nahe gelegene Odenwald ist unser Ziel – die Auffahrt zur Burg Frankenstein. Ich lasse ihn langsam, fast rollend, in die

Auffahrt einbiegen. Runterschalten in den Ersten – einen beherzten Tritt auf das Gaspedal – das Hinterteil meines Freundes drückt sich in die kurzen Federn und die hinteren Räder richten sich in ihre optimale Auflagestellung zur Straße aus.

Und schon springt er in Richtung erste Kurve wie ein Panther, der seine Beute reißen will. Die Nadel des Drehzahlmessers zischt Richtung Sieben, ein leichter Druck der Hand auf den Hebel der sequentiellen Schaltung und rein in den zweiten Gang, dabei den Fuß fest auf dem Gaspedal, hinter mir erklingt ein Orchester in voller Besetzung. Meine Gesichtszüge straffen sich in voller Konzentration – besser kann das Straffen eines Gesichtes der beste Gesichtschirurg nicht bewerkstelligen –, als die erste Kurve auf uns zufliegt. Gaspedal lupfen, mit dem linken Fuß das Bremspedal gestreichelt und noch kurz vor der Kurvenmitte wieder voll rauf auf das Gaspedal. Das Lenkrad fest im Griff, aber auch nicht zu fest – eher so wie einen Vogel: »Hältst du ihn zu fest, erdrückst du ihn, hältst du ihn nicht fest genug, dann fliegt er weg«, ziehe ich meinen Freund durch die Kurve, als hätte ich ihm Sekundenkleber auf die Laufflächen der Reifen geschmiert. Weiter unter Volllast raus auf die Gerade, in den dritten Gang hochgeschaltet, pfeilschnell sind wir Richtung nächste Kurve, dieses Mal andersherum, unterwegs.

Wegen der jahrelangen Freundschaft brauche ich nicht mehr wie gebannt auf das große Zentralinstrument zu schauen, um festzustellen, wann sich mein Freund am wohlsten fühlt und wann er rauf- oder runtergeschaltet werden will. Das ist wie in einer guten Ehe oder in einer guten Beziehung: Nach der Gier des Fleisches sollte man wissen, wie und wann man sich auf seinen Partner verlassen kann.

Einen solchen Freund, wie ich ihn habe, sollte man nicht mit Gier, sondern mit dem Wissen, wie er reagiert und wann, und dann mit Vertrauen über die Straßen fahren. Mit Wissen meine ich die Erkenntnis darum, wann die Kohäsionskräfte aufgeben. Und dass man diesen Grenzpunkt nur auf einer Rennstrecke überschreiten sollte.

Die Verzögerung nach einem festen Fußdruck auf das Bremspedal verrät mir, dass ebenso wie die Beschleunigung auch die so wichtige Verzögerung über den Winter nicht gelitten hat. Beim gleichzeitigen Runterschalten in den zweiten Gang, Bremse loslassen und wieder Gas geben werde ich in die Seitenbegrenzung der Rückenlehne gepresst und bekomme ein Gefühl, als sei die Welt in Ordnung – zumindest für den Moment.

So stürmen wir Gerade für Gerade und Kurve für Kurve unserem Trainingsziel, der Bergkuppe entgegen. Oben angekommen, steuere ich meinen Freund auf einen Parkplatz, halte ihn an und lasse das schon fast wummernde Gebrabbel, das aus seinen zwei Endrohren kommt, über meine Ohren in mein Gehirn vordringen. Dort konzentriert sich das Geräusch zu einem Gefühl des Glücks. Zwei Gasstöße jedes Mal bis zur Volllast verstärken die Gefühle im Hirn.

Auf der anderen Seite des Berges geht es ähnlich präzise und in Windeseile wieder hinunter zur Bundesstraße. Nur einmal macht mein Freund Anstalten, die Haftung zwischen Straße und Reifen für einen kurzen Moment zu verlieren. Ich hätte es wissen müssen, als ich auf einen schmalen Streifen alten Laubes zusteuere. Das ist so, als spränge der Saphir eines Plattenspielerarms mitten im Musikstück in eine andere Rille der Platte. Kaum wahrnehmbar – aber der Ruck ist da. Genau der schon so oft beschriebene Punkt, wo das Heck dich zu überholen droht, wenn du den Wagen nicht spürst und reagierst. In meines Freundes Nachfahren regelt moderne Elektronik diesen Punkt langweilig weg.

Angekommen an der Auffahrt zur A 5 beschleunige ich meinen Freund verhalten – rein in die Kurve und raus auf die Fahrbahn. Keiner da, soweit das Auge reicht – ich kann es kaum glauben. Die linke Hand am Lenkrad und die Rechte auf dem Schalthebel geht es gezogen wie von Geisterhand Richtung zweihunderter Marke auf dem Tacho. Zweihundertzwanzig, zweihundertvierzig – unter Ändern der Klangfarbe des Motorgeräusches kämpft sich mein Freund mühelos der Höchstgeschwindigkeit entgegen.

Gas raus, runterschalten, rein in die nächste Abfahrt und über die Dörfer, wieder heim. In der Garage angekommen: Motor aus. Ich höre, wie er sich mit einem Knistern hier und einem Knistern dort bei mir bedankt – bedankt für einen ersten Ausritt nach seinem Winterschlaf.

Mein Freund: der 993.

Unter Wert geschlagen

Mit »rundeweg« 1,4 Millionen selbstgefahrenen Autokilometern könnte ich schon der Versuchung verfallen zu behaupten, Ahnung vom Autofahren und vor allem von Autos zu haben. Zumal ich schon aus jeder Kategorie welche unter meinen Händen hatte: langsame und mittellangsame, schnelle, mittelschnelle und ganz schnelle, dieselgetriebene, benzingetriebene. Welche mit und ohne Automatik und welche mit sequenziellem Getriebe. Große, mittlere und kleine Autos. Offene, mitteloffene und ganz geschlossene Gefährte.
Und das Ganze bei jeder Tages- und Nachtzeit und auch bei jedem Wetter. So kenne ich den 11er bei Eis und Schnee, den Smart in den Vogesen und den »Panzer« von Mercedes, den W140, auf der Serenissima.

Aber von all den Autos, die ich Kilometer um Kilometer über Asphalt, Beton, Kopfsteinpflaster und durch Schlaglöcher gescheucht habe, ist mir eines ganz besonders ans Herz gewachsen. Und von dem schwärme ich heute noch, wenn ich mal wieder ein gutes Exemplar zu Gesicht bekomme. Wie der 11er, egal welchen Alters, ein 11er ist und bleibt, ist dieses Auto für mich die beste Langstrecken-Sportlimousine, die je gebaut wurde und wahrscheinlich auch je gebaut wird. Viele Konstrukteure haben versucht – und versuchen es auch heute noch – ihn zu kopieren, haben ihn aber nie erreicht.

Früher schon – und auch heute noch – gab und gibt es Menschen, die mir mit aufsteigender Zornesröte (weil ich von ihrem Auto nicht so viel hielt und halte) ihren Autoschlüssel in die Hand drückten und sagten: »Fahr mal meinen!« Und immer dann, wenn ich zurückkomme und ihnen ihr Auto und ihren Autoschlüssel wohlbehalten zurückgebe, kommt die gespannte Frage: »Und?« Fast immer – bis auf einmal – fiel mein Vergleichsurteil negativ aus! Negativ im Vergleich mit diesem Auto!

Könnte ich mir heute einen bestellen (was leider nicht mehr geht), gönnte ich ihn mir in Dunkelblau mit naturweißer Volllederinnenausstattung. Zur Vollendung müsste das Piping wiederum dunkelblau sein. Die flachen Teile des Innenraumes ließe ich in dunklem Wurzelnussbaumholz anfertigen. Ich würde mich in ihn hineingleiten lassen .... Weil: In ein solches Auto steigt man nicht ein, man gleitet hinein. Und dann führte ich den langen Bart des Zündschlüssels in die rechts vom Lenkrad positionierte Schlüsselöffnung und drehte drei Stufen nach rechts.

Und dann? Dann passierte es! Einer der mächtigsten Sportmotoren spräche zu mir. Erst mit einem leisen Wummern, das sich beim Gasgeben in ein gesundes, dunkles Dröhnen verfärbte, aber nie als störend empfunden würde. Und wenn dieser Startvorgang in unserer kleinen Tiefgarage vonstatten ginge, wüsste mein Freund in seiner Penthouse-Wohnung im vierten Stock genau: »Aha, der Michel geht wieder auf Reisen!« Der langen Schnauze folgend ließe ich das Auto die Ausfahrt mühelos hinaufrollen, es dann mit einem tiefen Luftholen auf die Straße stellen. Und auf freien Autobahnstrecken jagte ich ihn völlig entspannt der Höchstgeschwindigkeit entgegen und spürte, wie er gepresst auf die Straße fast jede Kurve nähme ... mein 28er.

Keller Gefundenes

Hinuntergestiegen in den tiefen Keller, irgendwas gesucht und festgestellt, dass hier auch mal wieder aufgeräumt gehört.

Keller oder Dachböden haben etwas: etwas Mystisches. Obwohl man weiß, was sich so in seinem eigenen Keller oder auf seinem Dachboden verbirgt, ist Spannung da, wenn man dieses »Geräum« betritt. Es sei denn, man muss in den Keller, weil man Wasser – oder was sich sonst dort für den täglichen Gebrauch eingenistet hat – braucht. Aber ist man mal frei von dem »Hol mir mal bitte aus dem Keller«, kommt Mystik und Spannung auf, wenn man einen solchen Raum – manche sollen sogar mehrere davon haben – betritt.

Auch wenn aufgeräumt gehört, so ist bei mir doch alles oder nahezu alles in Kisten und Kartons verpackt und der guten Ordnung halber findet man auf diesen Kisten und Kartons sogar eine Beschriftung, die preisgibt, was sich in solch einer Kiste oder in einem solchen Karton befindet.

Warum ich das gemacht habe?

Weiß ich auch nicht!

Vielleicht, weil ich zum Suchen ganz einfach zu faul bin.

Da gibt es einen Karton, war mal ein Postpaket – irgendwann hatte ich beschlossen, dass sich alles besser in Postpaketen, die es ja sogar in unterschiedlichen Größen gibt, aufbewahren und wegstapeln lässt –, auf dem steht: »Schulunterlagen«. Also, was sich in diesem Karton befindet, weiß ich nur zu gut. Ich glaube auch, dass ich in all den Jahren, in denen es ihn in meinem Keller schon gibt, noch nie wieder reingeschaut habe. Warum auch? Ich weiß ganz genau, warum, wann und wie ich mein Studium als Schulversager geführt und abgeschlossen habe. Und das Wissen darum bedarf nicht ständiger Auffrischung!

Dann gibt es einen Karton, auf dem steht: »Alles Mögliche«. Scheißinformation. Darin kann wirklich alles Mögliche sein, berücksichtigt man die Größe des Kartons.

Also immerhin scheiden deswegen ein Fahrrad oder eine Frauenleiche aus. Bei einer Frauenleiche hätte ich auch bestimmt nicht: »Alles Mögliche« drauf geschrieben. Wenn's denn eine wäre, die sich in dem Karton versteckt hält, stünde »Frauenleiche« drauf und sogar, um welches Teil von der Frauenleiche es sich handelte. Weil: Eine Frauenleiche ist nicht »Alles Mögliche«, sondern eine Frauenleiche. Aber Gott sei Dank ist der Karton nicht so groß, dass sich darin eine Frauenleiche der Öffentlichkeit entziehen könnte. Und ich hole, nun schon mehr als gierig – nämlich neugierig – geworden, den Karton, auf dem nicht »Frauenleiche« steht, sondern »Alles Mögliche«, aus dem Regal.

»Oh Michel!«, zieht es durch zwei meiner drei Hirnwindungen, beim Verpacken hast du es aber gut gemeint.

Zugeklebt!

Und?

Kein Messer zur Hand. Umgedreht und etwas Brauchbares, das man zum Aufschneiden des Klebebandes einsetzen könnte, gesucht.

Nichts gefunden.

Außer den Gedanken daran, dass ja in der Kiste ein Messer – wäre ja auch was »Alles Mögliche« – sein könnte.

Fatal!

Da willst du eine Kiste öffnen, brauchst ein Messer dazu und dann befindet sich das Messer, das du brauchen könntest, vielleicht in der zugeklebten Kiste, die du aufschneiden willst.

Wie mache ich die Kiste nur auf?

Hoch in die Wohnung laufen und ein anderes Messer oder irgendein anderes Schneidewerkzeug geholt?

Zu faul dazu, außerdem musste die Öffnung gleich sein!

Bei einer Bier- oder Cola-Flasche hätte ich es gewusst. Im Zweifelsfall hätte ich – das darf jetzt meine Zahnärztin aber nicht lesen – die Zähne zum Öffnen der Flasche genutzt. Aber ich habe es hier nicht mit einer Bier- oder Cola-Flasche zu tun, sondern mit einem zugeklebten Karton. Und den kann man nicht einfach aufbeißen.

Daumennagel?

Zu kurz!

Stabil genug wäre er ja – aber frisch gekürzt.

Dann kommt's mir wie aus heiterem Himmel – Schlüssel! Der Gedanke daran ist noch nicht ganz zu Ende gedacht und schon habe ich den Schlüsselbund in der Hand.

Ritzeratze und die Stellen, an denen sich die Laschen – oder sind es Nippel? – zum Schließen des Kartons befinden, sind vom Klebeband befreit. Endlich: Deckel auf und reingeschaut.

Wolf! Du hast sie nicht mehr alle. Was du alles mit der Aufschrift »Alles Mögliche« versehen in einem gelben Postkarton über Jahre tief unten im Keller aufhebst, ist unglaublich. Zum Vorschein kam beispielsweise auch ein Fön.

Wer hebt denn einen Fön von anno dazumal in einem gelben Karton, der extra dafür von der Post geholt und dann eingeräumt wurde, auf? Und wozu? Ein Fön kann doch nichts so Wertvolles sein, dass man ihn anstelle beispielsweise einer Frauenleiche über Jahre aufhebt. Oder? Also wer einen gebrauchten Fön zum Haaretrocknen über Jahre in einer Kiste, die fein säuberlich zugeklebt und beschriftet ist, aufhebt, muss schon wirklich eins an der Klatsche haben!

Wolf! Ich habe es dir schon immer gesagt: »Du tickst nicht richtig!«, bestätige ich mir nachdrücklich. Das muss auch ein Grund dafür sein, warum ich so ungern den Karton mit der Aufschrift: »Schulunterlagen« öffne. Denn darin bekomme ich, geschrieben auf Papier, mehrfach bestätigt, dass ich schon früh damit angefangen habe, nicht ganz rund zu laufen – so jedenfalls die, die meinten, mich bewerten zu müssen. Sie mussten, denn sie wurden ja bezahlt dafür!

Neben einer Matroschka, einer dieser hohlen Holzpuppen, in denen sich jeweils und ineinandersteckt weitere kleinere hohle Holzpuppen verstecken und die meine häusliche Regierung in ihrem Aussteuerpaket mit in die Ehe gebracht hat, finde ich auch etwas ganz Besonderes. Etwas so unglaublich Besonderes, dass ich das hier gar nicht erwähnen mag.

Es könnte ja sein, dass es Menschen gibt, die genau auf diese Fundsache so geil sind, dass sie mir diese Fundsache abspenstig machen wollen.

Nein, ich kann jeden beruhigen, der beruhigt sein will, es ist keine Leiche. Und schon gar keine Frauenleiche. Auch nicht eine in kleine Stücke zerlegte und in Plastikbeutel verpackte und mit einem Stift beschriftete.

Nein, es ist was ganz Besonderes. Etwas, das bestimmt schon vierzig oder noch mehr Jahre alt ist und ebenso bestimmt schon mehr als fünfundzwanzig Jahre eben in diesem gelben, einmal von der Post geholten Karton neben dem Fön, den kein Mensch mehr braucht, aufbewahrt wird.

Man muss schon Fetischist sein, wenn man ein solches Teil – aber eigentlich sind es ja etliche Einzelteile plus einer Verpackung – aufhebt. Aufhebt in einem gelben Karton, den ich – damals war ich noch jung und hübsch, heute bin ich nur noch ..., ja was denn? – auf der Post geholt, zusammengebaut und eben diesen Schatz neben einem Fön, einer Matroschka und anderen Dingen im tiefen Keller vergräbt.

Und?

Ja, ich bin Fetischist!

Ich liebe sie, nicht nur als Abbildungen, sondern vor allem im Original. Und ich bekomme heute noch ein übermäßiges Ausschütten von dem Zeug, das einem von jetzt auf nachher den Puls in die Höhe treibt, und das Herz vor lauter Aufregung und Begeisterung flattern lässt. Wenn ich sie sehen, fühlen und sogar benutzen darf, bin ich ganz weg. In solchen Momenten brauche ich nichts anderes mehr!

Die besten und schönsten von ihnen sind in der Regel zwischen 1950 und 1980 geboren. Natürlich sind auch nach 1980 welche, die ähnliche Gefühle wecken, geboren, aber meist sind die den zwischen 1950 und 1980 Geborenen nachempfunden. Es gibt auch welche, die toll sind und vor 1950 geboren wurden. Aber der Schatz, den ich gefunden habe zeigt die zwischen 1950 und 1965 Geborenen.

Also muss ich den Schatz um den Dreh erworben oder geschenkt bekommen haben. Wie es genau war, entzieht sich meiner Kenntnis. So tief kann ich auf meiner »Festplatte« nicht mehr nachgraben. Außerdem interessiert mich das herzlich wenig. Hauptsache, ich wurde des Schatzes wieder fündig.

Damals, als der Schatz wie auch immer zu mir kam, war er noch kein Schatz. Damals war das was ganz Neues und neue Sachen sind in der Regel noch keine Schätze. Aber heute – über vierzig Jahre danach – schon.

Achtlos verstaue ich den Karton, in den ich den Fön und die Matroschka – aber keine Frauenleiche – zurückgelegt habe, wieder im Regal und laufe mit meinem Schatz zurück in meine Wohnung. Dort setze ich mich an meinen Schreibtisch und fange an, meinen Schatz genau zu beäugen.

Und?

Sehnsüchte werden wach!

Sehnsüchte nach den Rundungen und den Formen derer, die zwischen 1950 und 1965 geboren und hier abgebildet wurden, kamen auf. Nicht so ein flaches, kantiges Zeug, wie man es heute in die Welt setzt.

Manche haben Hinterteile, deren Anblick regelrecht das Blut in den Adern gefrieren lässt. Breit und fett! Manche mit zwei Öffnungen, manche aber auch nur mit einer, dafür aber einer Größeren. Da die Informationen auf den Abbildungen spärlich sind, habe ich noch ein dickes Buch, das ich in einem meiner Bücherregale gefunden habe, mit zu Rate gezogen. Und dann war es ganz aus mit mir.

Stunde um Stunde – es war ja ein Sonntag – habe ich mir sie reingezogen: die schönsten Seriensportwagen – vereint in einem Autoquartett!

Könnte es sein, frage ich mich immer und immer wieder, dass der »Chef«, als er dem Mann unbedingt das Weib als Gefährten geben wollte, ein Problem hatte und gar nicht wusste, wie es aussehen sollte, und er eine Anleihe in der Zukunft der Menschen genommen hat?

Die Rippe hatte er schnell gefunden, die stammt vom Mann – das steht fest. Aber was baute er drumherum? Wie sollte dieser Gefährte gebaut und geformt sein? Er verzweifelte mit Sicherheit an den Fragestellungen!

Also, nicht dumm, nahm er bestimmt einfach Anleihe in der Zukunft des Menschen. Bei jenen, die dann Gefährte bauen würden und auf die Namen Scaglietti, Bertone oder Pininfarina hörten. Denn wenn man sich die Linienführung der Karosserien, die diese Männer in den Fünfzigern bis in die Achtziger Seriensportwagen edlen Geblüts gegeben haben, und das Aussehen unserer Gefährtinnen betrachtet, liegt die Vermutung schon sehr nahe, dass der eine vom anderen abgeschaut hat.

Wer aber von wem?

Ach egal! Hauptsache ist, dass uns beides freuen darf, sie zu haben – wenn sie denn auch wollen!

Euch nicht? Also mich schon!

Stellt euch mal beispielsweise neben einen »250 GT Lusso« von Pininfarina, wenn einer in der Nähe ist, und wenn ihr dürft, streichelt mit den Fingerrücken vom Chromrund des Hauptscheinwerfers über den Kotflügel: Dann ist das so, als streichelt man vom Knie eines Frauenbeines angefangen hoch zu der Gegend, von der man besser die Finger lässt.

Gleich zart!

Gleiche weiche Rundung!

Davon, also von dem »250 GT Lusso«, sind nur 350 Stück geboren worden. Ähnlich selten wie eine Amazone.

Und wenn ihr ganz doll dürft, dann setzt euch rein und steckt das Teil, das man euch anvertraut hat, in die kleine Öffnung, in die es gehört, und lasst sie mal raus, die 240 Pferde aus ihren 2953 Ställen.

Ich verspreche euch, es läuft euch eiskalt, aber schön schaurig, den Rücken runter!

Ist keiner in der Nähe oder dürft ihr nicht, dann erfreut euch, wenn ihr denn dort dürft, an denen, die der Chef aus einer Rippe gemacht und vielleicht unter Anleihe des Karossiers des »250 GT Lusso« geformt hat.

Ich verspreche euch, auch dann läuft es euch eiskalt, aber schön schaurig, den Rücken runter!

Befehl von oben

Heute morgen ist Friedhofstag gewesen. Einmal in der Woche muss das meistens schon sein, dass ich meine Schwiegermutter dorthin begleite. Artig habe ich Wasser herbeigetragen und alte Blumen fortgebracht, damit sich die neuen in der Vase wohlfühlen können.

Wie das früher oft üblich war, befindet sich der Friedhof auf dem Gelände einer Kirche. Die mir neu anvertrauten Blumenabfälle brav weggebracht, führte mich der Rückweg an der Kirche vorbei, deren Hauptportal einladend offen stand. Irgendetwas, ich konnte nicht lokalisieren, was es war und woher es kam, sagte zu mir: »Komm!« So, als hätte man nächtens einen Traum, an den man sich aber nicht mehr erinnern kann. Aber man weiß ganz genau, dass in diesem Traum eine Botschaft versteckt ist.

Ein vergewissernder Blick verriet mir, dass meine Schwiegermutter bestimmt noch ein paar Minuten mit ihrer Grabpflege zu tun hatte – und außerdem hielt sie gerade ein Schwätzchen mit einer ebenso pflegenden Frau des Nachbargrabes. So hatte ich keinen Grund, diesem Befehl, woher auch immer er kam, nicht Folge zu leisten. Ich stieg die zwei großen, über die Jahre ausgetretenen Sandsteinstufen hinauf und lugte zögerlich in den sich vor mir öffnenden, weiten und halbdunklen Raum. Rechts und links vom Mittelgang reihten sich sehr alte Holzbänke hintereinander auf.

Am Ende des Mittelganges stand ein Altar, hinter dem sich ein mächtiges Kreuz emporstreckte. Darauf festgenagelt das Bildnis eines »Krisenmanagers«, den unser »Chef« – vielleicht war es ja auch eine »Chefin«, so genau weiß man das nicht – in seinen »Betrieb« schickte, als der nicht so lief, wie er sollte. Diesen »Manager« schickte unser »Chef« deswegen in den »leidenden Betrieb«, weil er zuvor einem anderen »Manager« versprach, diesen »Betrieb« nicht gleich wieder »in die Insolvenz« zu schicken, wenn »Führungsriege und Personal« nicht so funktionierten, wie das in einem ordentlichen Betrieb sein sollte.

Als sich meine Augen an das Halbdunkel der Kirche gewöhnt hatten, versuchte ich mich in eine der hinteren Bankreihen zu setzen. Konnte das aber nicht, wie ich wollte, denn irgendetwas, was auf der Bank lag, drückte mich am Allerwertesten. Ich räumte das doch sehr harte Teil, das sich als Buch entpuppte, beiseite, setzte mich hin und betrachtete gedankenverloren die Jesusfigur am Kreuz. Ich konnte nicht anders als ihn anzusprechen: »Nur weil die damalige Führungsriege und das Personal dein Krisenmanagement nicht verstanden haben, haben sie dich auf diese gekreuzten Hölzer genagelt.«

Eine Antwort nicht abwartend nahm ich das Buch, das zuvor versucht hatte, meinen Steiß zu malträtieren, in die Hände und sah anhand der dicken Schrift, dass es die handliche Ausgabe einer Bibel war.

»Wer die wohl hier vergessen hat?«, fragte ich mich.

Den Buchrücken in der rechten Hand schlug ich mit der linken Hand das Buch wahllos auf und es sprangen mir folgende drei Sätze ins Auge: »So ist verflucht der Ackerboden deinetwegen, unter Mühsal wirst du von ihm essen alle Tage deines Lebens. Dornen und Disteln lässt er dir wachsen, und die Pflanzen des Feldes musst du essen. Im Schweiße deines Angesichtes sollst du dein Brot essen, bis du zurückkehrst zum Ackerboden; von ihm bist du ja genommen.«

Den Zeigefinger der linken Hand zwischen den beiden Seiten klappte ich das Buch zu, legte es auf meinen Schoß und fing an zu sinnieren: »Hallo?! Das kommt dir doch alles sehr bekannt vor! Du hast eine Firma aufgebaut, um sie gezittert und bist in manchen Nächten schweißgebadet aufgewacht und konntest den Rest der Nacht nicht mehr schlafen. Und letztlich konntest du sie doch nicht retten und musstest sie aufgeben ... Das, was du gerade eben gelesen hast, kommt dir so verdammt bekannt vor ... nur anders, moderner, an unsere Zeit angepasst!«

Selbst der Hinweis, dass der »Chef« diesen Adam genau mit den eben gelesenen Worten aus dem Paradies verjagt haben soll, lässt sich auf die Moderne übertragen. Adam war wohl der erste Versager, den es gab, und es blieb ihm nichts weiter übrig, als im Schweiße seines Angesichtes in einer anderen Welt WEITERZULEBEN! Und wie ich weiterlesend erfuhr, hat er das sogar noch recht lange geschafft.

Dann, meine Schwiegermutter noch eingesammelt habend, fuhr ich innerlich sehr zufrieden nach Hause.

»Nur nicht aufgeben«, echote es noch den ganzen Vormittag in meinem Kopf ...

Der Besuch der schwarzen Fee

Es gibt da, ich glaube in der Schweiz, eine junge Dame, nein, nicht die Heidi – obwohl, vielleicht wohnt sie ja auch auf einer Alm, und mit meiner Lieblingsschokolade in Schwarz, also ganz dunkel, hat sie auch nichts zu tun – die hat gemeint, ich soll doch eine Geschichte schreiben über »Böse Buben kommen in die Hölle und gute Buben kommen überall hin«.

Damit tu ich mich ganz schön schwer. Nein, nicht mit der Dame – die ist o. k. – aber mit dem, dass böse Buben in die Hölle und liebe Buben überall hinkommen.

Nun – nun müsste man erst einmal definieren, was böse Buben überhaupt sind. Und: Was liebe Buben sind.

Also: Was liebe Buben sind, das habe ich ganz schnell definiert: »Schaut her, ICH bin ein lieber Bub!«

Eingebildet?

Nein – lieb. Weil: Ich komme ja jetzt schon fast überall hin! Und von solchen Lieben gibt es ganz, ganz viele ... und der Rest? Der ist böse. Auweia, 'ne ganze Menge!

Neulich hatte ich nächtens wieder mal Besuch. Das war ein Besuch, den man wirklich nicht immer haben muss. Den von einer schwarzen Fee! Und diese schwarze Fee hat sich häuslich niedergelassen: auf meiner Brust.

Und mir war, als sei ich nicht mehr am Leben. Wodurch ich ums Leben kam, weiß ich nicht mehr so genau. Vielleicht hatte mich der Chef einfach nur aus dem Spiel genommen, weil er der Meinung war, ich hätte jetzt genug Unfug getrieben.

Also, jedenfalls saß ich in meinem Büßerhemdchen, nicht mehr am Leben, in einem großen Saal, angefüllt mit lauter Stühlen, ganz mutterseelenallein, und es gab drei Türen. Eine, durch die ich in den großen Saal gekommen war, und zwei, die wohl aus dem Saal herausführten.

Nein, Entschuldigung: Es waren vier Türen. Da war in einem Eck noch eine kleine Tür, auf der stand: Pipibox.

Auf der linken der zwei großen Türen stand »Himmel« und auf der anderen stand »Hölle«.

Sonst war nichts in diesem großen Saal zu sehen. Nur Stühle, und in der Mitte des Raumes: ein Katheder. Unendlich viele Stühle. Und ich. Ganz allein.

Plötzlich ging die kleine Tür, auf der »Pipibox« stand, auf, und ein junger Mann betrat den großen Saal. Die Tür noch halb in der Hand, war er damit beschäftigt, seinen Hosenlatz vollends zuzumachen.

»Bist du noch der Einzige?«, fragte er mich mit einer sehr derben, alles durchdringenden Stimme. Ich schaute mich in dem Raum um, sah außer mir niemanden und sagte: »Ja.«

»Na, dann musst du warten, bis alle hier sind«, meinte der mit seinem Hosenlatz Fertigseiende.

»Worauf warten, bis wer alles hier ist?«, wollte ich wissen.

Der junge Mann kam weiter in meine Richtung herüber, beugte sich zu mir vor, streckte mir seine Hand entgegen und meinte: »Ich bin Nurdieh und du musst Michael sein – kein Unbekannter. Es ist noch früh am Tag, aber bis heute Mittag ist der Saal voll und dann werden wir eine Führung machen. Wir werden einmal hinter die linke Tür schauen und einmal hinter die rechte Tür schauen und dann kommt Siri und teilt ein, wohin jeder gehen muss.«

Ich stand auf und streckte Nurdieh ebenfalls meine Hand hin und fragte, nachdem er fertig geredet hatte, weiter: »Wo bin ich hier? Und wer kommt bis Mittag noch alles hierher? Und wer ist Siri?«

»Du bist hier im Vorhof zur Ewigkeit.«

Er drehte sich in Richtung der Türen und deutete mit dem Zeigefinger seiner rechten Hand immer dorthin, was er gerade beschrieb.

»Rechts gehst du ewig in den Himmel und links gehst du ewig in die Hölle. Und wenn du zwischendurch mal musst, dann gehst du hinter die kleine Tür. Und Siri zeigt euch, was euch hinter den zwei größeren Türen erwartet und liest dann aus dem großen dicken Buch, in dem alle Namen der versammelten Menschen niedergeschrieben sind, vor, hinter welcher Tür jeder von euch zu verschwinden hat.«

Ich ließ mich wieder auf den Stuhl fallen und repetierte das Gesagte: rechts – ewig in den Himmel; links – ewig in die Hölle.

»Und, wie ist es so im Himmel?«, wollte ich weiter wissen.

»Nur ewig schön! Außerdem: Warte es ab.«

Sitzend auf meinem Stuhl schaute ich an mir hinunter. Schneeweißes Hemd, keine Unterhose drunter, keine Strümpfe an den Füßen und auch keine Schuhe. Keine Uhr. »Wahrscheinlich braucht man die auch nicht in der Ewigkeit des Himmels«, unterbrach ich meine Erkundungstour.

Über die Ewigkeit der Hölle wollte ich noch gar nicht nachdenken. Bockig und leicht angesäuert verschränkte ich die Arme und starrte ins Leere, sinnierte und beobachtete dabei, wie Nurdieh immer denen, die durch die Eingangstür in den Vorhof zur Ewigkeit kamen, Stühle zum Sitzen zuwies, und die eine oder andere Frage der Angekommenen, beantwortete.

»Keiner dabei, die oder den ich kenne«, zog es mir durch den Kopf, als ich so mit verschränkten Armen dasaß und immer noch missmutig vor mich hinschaute.

Mit der Zeit füllte sich der Raum tatsächlich. Es müssen Tausende, vielleicht sogar Zehntausende von Menschen gewesen sein, die sich in den Raum drängten und einen Platz suchten. Und alle hatte sie das gleiche Nichts am Leib – nur ein Büßerhemd.

Nurdieh schloss die Tür, als keiner mehr zu sehen war, der herein sollte, lief durch einen Gang zwischen den Stuhlreihen hindurch und steuerte direkt auf ein Schalttableau zu, das mir gegenüber in der Wand eingelassen war. Er drehte, kippte und regelte an den dafür vorgesehenen Schalterchen und Schiebereglern: Der Raum verdunkelte sich und war, als Nurdieh fertig war, von einem blauen Licht durchflutet. Ich kam mir vor wie in den Siebzigern, als man Diskotheken in blaues Neonlicht (auch Schwarzlicht genannt) tauchte und die weißen Blusen der Mädchen hell erstrahlten. Hier aber erstrahlte nix. Plötzlich rollten von der Decke her riesige Leinwände herunter und leise gedämpfte Musik drang an meine Ohren.

»So, die ›Moldau‹ kennen die hier auch«, dachte ich, rutsche in meinen Stuhl hinein und stellte mich, noch immer mit verschränkten Armen, auf etwa eine Viertelstunde Musik ein. So richtig passte ich gar nicht hierher, und so widerstrebte es mir, hier zu bleiben. »Aber gut, wenn DIE hier das so wollen, bleib ich halt da.«

Die Moldau war schon hinter Prag, glaube ich, als die Tür aufging. Das war die, durch die wir alle reingekommen waren. Und durch die ein großer Mann, flankiert von, na, so an die dreißig, ebenfalls großen Männer, hereinkam. Meine Nachbarin zur Linken rammte mir ihren Ellbogen in die Seite und flüsterte: »Das muss Siri sein.«

»So?«, gab ich zurück, »na dann schau mer mol, was jetzt passiert.«

Siri lief in Richtung der gegenüberliegenden Seite des Raumes. Er und jeder seiner Schritte wurden auf den Leinwänden abgebildet. Ich schaute mich um und wollte wissen, wo die Beamer und die Aufnahmekameras versteckt waren, die diese Show inszenierten. Aber es war nichts zu sehen. Siri blieb am Katheder stehen und erhob seine Arme. Derweil verteilten sich seine – ich denke schon, es waren so eine Art Domestiken – Begleiter im Raum unter die Menschen. Als sich die Moldau in das Schwarze Meer ergoss, hob Siri seine Stimme und sagte: »Heute seid ihr hier versammelt, um zu erfahren, was mit euch weiter passiert, nachdem ihr euer bisheriges Leben ausgelebt habt. Ein Großteil von euch darf durch diese Tür« – und er zeigte auf die rechte Tür hinter sich – »und ein Großteil von euch muss in die Hölle.« Und er zeigte auf die andere Tür. »Aber vorher werde ich euch allen zeigen, was euch hinter den jeweiligen Türen erwartet.«

Es war mucksmäuschenstill, und jeder starrte gebannt auf eine der vielen Leinwände. Die Kamera war so eingestellt, dass sie die Tür mit der Aufschrift »Himmel« zeigte. Als die Tür aufging, wurde eine bunte Landschaft sichtbar. Sie erinnerte mich an die vielen irdischen Abbildungen des Paradieses.

Und Siri sagte: »Ihr werdet dort so leben, wie ihr es wollt und mit wem ihr es wollt und ihr werdet weder Angst noch Furcht haben. Neid, Habgier, Eifersucht, Arroganz und

Egozentrik werden euch nicht begegnen – und das für die Ewigkeit.«

Nachdem Siri seinen Vortrag abgeschlossen hatte, tobte die Menge mit wildem Applaus. Und jeder hoffte, in den Himmel zu kommen. Mir war die Sache aber nicht ganz geheuer und gespannt wartete ich auf das Öffnen der Tür, die zur Hölle führte.

Mit wortgewaltiger Stimme unterbrach Siri den Beifall und sagte: »Nun werfen wir noch einen Blick in die Hölle, wohin die meisten von euch kommen werden – und auch das für ewig.« Im Fokus der Kamera kam die Tür mit der Aufschrift »Hölle« immer näher, bis sie aufging. Und ein tiefes Raunen ging durch die Menge.

Schlagartig richtete ich mich auf und schaute gebannt auf die Leinwand, die mir die Hölle offerierte: Mein altes Leben auf der Erde! Voller Hass, Neid, Schmutz, Intrige – und so weiter, und so weiter. Die Hölle – aber vertraut!

Die schwarze Fee, die es sich auf meiner Brust gemütlich gemacht hatte, beschloss, gar nicht abzuwarten, bis ich erfuhr, ob ich nun in den Himmel durfte oder in die Hölle musste.

Ich wachte schweißnass auf, schaute auf das gefüllte Bett neben mir und war sowas von zufrieden und froh wie schon lange nicht mehr.

Lass uns Eins werden

Ein Schuss, eine Explosion,
freigesetzt in den Verkrampfungen der Lenden
– oder war's das Hirn? –
ließ ihn in strahlender Rüstung hineinstürmen.
Hineinstürmen und suchen!
Vieler Widersacher erwehrt
– lange nicht so hübsch wie er –
fand er sie
– angewurzelt in einer Ecke –
auch bereit zur Vereinigung.
Seinen Harnisch abstreifend,
kniete er vor ihr nieder und bat um Einlass.
Keiner weiter da?
O.k., dann komm rein und lass uns eins werden!

Eins reifte, hatte Zeit und Geduld,
ward von Tag zu Tag schöner,
ob des besten Weitergegebenen!
Der Platz, den seine Bleibe bot reichte,
reichte bis zu Kündigung.
Die Kündigung, die manchmal nötig ist,
um sich in einer anderen Umgebung weiter zu entwickeln.
Weiter zu entwickeln in der Obhut derer, die IHN gebar!

Neugier, dein Name ist Weib

Die Laute, die kenn ich doch, was das wohl ist?
Au, das ist aber eng hier.
Ich werde mich mal richtig strecken – ah, das tut gut!
Es ist mir hier drin einfach zu eng.
Ich kann treten und boxen so viel ich will,
ich habe einfach nicht den nötigen Platz,
den ich für mich brauche.

Da vorne, das sieht aus wie eine kleine Öffnung.
Ob ich da mal gegenboxen soll?
Ich probier das einfach mal.
Mal sehen, was passiert ...
Soll ich oder soll ich nicht?
Ach, ich probier 's!

Ich bekomm noch 'ne Krise hier drin,
wenn ich nicht bald mehr Platz bekomme.
Noch mal und noch mal.
Ja, so könnte es klappen!

Oh Scheiße, was hab ich jetzt angestellt?

Cool – das ganze Wasser haut ab.
Und was mach ich jetzt?
Nein nein, jetzt wird es ja noch enger.

Himmel Herrgott, wenn das so weiter geht,
hab ich hier bald gar keinen Platz mehr.

Aber da wird es hell!
Was ist das?
Was hab ich da bloß angestellt mit meiner Boxerei?
Ich wollt doch nur ein wenig mehr Platz.

Ja, was geht denn jetzt ab, ich rutsche Richtung hell!
Das könnt ihr doch nicht machen mit mir,
ich will da nicht raus.
Scheiße, jetzt sehe ich gar nichts mehr.
Und glitschig ist das hier!
Mal sehen ... wenn ich die Schultern ein bisschen
mehr auseinander mache, vielleicht bleibe ich ja hier drin?

Oh, ich glaube, die überlisten mich
mit dem schmierigen Zeug da.
Aufhören, ich will nicht!
Was haben die bloß davon,
wenn ich hier meine Bleibe aufgeben soll?
Ja, was ist denn das?
Schnell die Augen zu,
da bekommt man ja Augenschmerzen,
so hell, wie das ist.

So ein Arsch, der zieht mir ja den Kopf vom Hals.
Ach nein, ich lass meine Augen doch noch lieber zu.
Ich muss das Elend jetzt noch nicht sehen!

Mensch, ist das aber kalt, da bekommt man ja Frostbeulen.
Hey, drück doch nicht so fest, das ist Fleisch, und das lebt!

Ey , du, lass das, ich bekomme ja nichts mehr zu essen, wenn du das machst.
Auuuuuu, du Depp, das tut doch weh!
Hast du sie noch alle?

Der Arzt hielt DIE KLEINE hoch und gab ihr einen festen Klaps auf den Po.

Und schon ging die Schreierei los.

Senden und Empfangen

Neulich – wann war es denn? – erhielt ich von jemandem – wo ist sie denn? – eine Aufgabe. Ah, da – also vorweggeschickt, es war nicht jemand und schon gar nicht irgendjemand, auch nicht irgendwer, es war eine liebe Freundin, eine ganz besondere, ein Berg – ist sie, ja!

Also ich erhielt die Aufgabe (es war am Fünften, also in der vergangenen Woche): »… dann werde ich dich fragen, wie viel du über Platon weißt.«

Anscheinend eine präzise Aufgabenstellung!

Oder?

Immerhin weiß ich zumindest, dass es Platon gegeben hat.

Aber mit einer solchen Antwort wird sich meine Freundin nicht zufrieden geben. Die erwartet Tieferes! Und weil ich ihr dabei nicht widersprechen will – das sollte man bei solchen Freundinnen nur auf sicheren Gebieten tun – denke ich nach.

Und beim Nachdenken fällt mir auf, dass in dieser einen Aufgabe, formuliert in der Fragestellung: » … dann werde ich dich fragen, wie viel du über Platon weißt …«, eine Menge anderer Fragen verborgen sind:

Wer war Platon?

Welchen Geschlechts war Platon?

Welche Freunde hatte Platon?

War Sokrates einer dieser Freunde?

Wenn ja, was verband sie?

Welche Lehrer hatte Platon?
War Sokrates sein einziger Lehrer?
Wer war seine Mutter?
Wer war sein Vater?
Hatte Platon Geschwister?
Hatte Platon eine Frau?
Wenn ja, wer war sie?
Wenn ja, wie hieß sie?
Hatte Platon Kinder?
Wenn ja, wie hießen sie?
Wenn ja, wie viele waren es?
Wenn ja, welchen Geschlechts waren sie?
Wie alt wurde Platon?
Was hat Platon gemacht, damit er der Platon bleibt, mit dem wir uns heute noch beschäftigen können?
Und so weiter und so fort.
Fragen über Fragen!

So wird aus einer simplen Aufgabe, nämlich darauf antworten zu können: »... dann werde ich dich fragen, wieviel du über Platon weißt«, ein schier unüberwindlicher Berg weiterer Aufgaben. So geht es Minute für Minute, Stunde um Stunde, Tag für Tag, Woche für Woche, Monat für Monat, Jahr für Jahr, Jahrzehnt für Jahrzehnt: Man bekommt eine Menge von Aufgaben gestellt – aber keine präzisen!

Also der Sender (Aufgabensteller) einer Aufgabe sollte eine Aufgabe so stellen, dass beim Empfänger (Ausführender, Beantwortender) der Aufgabe kein Spielraum bleibt, über anderes nachzudenken als über die Erfüllung dieser einen Aufgabe.

Ist das wirklich so einfach – abgesehen davon, wenn meine Frau zu mir sagt: »Bring den Müll raus!«? Ich würde mir nie erlauben, das Müllauffangbehältnis, das in der Küche seinen Platz hat, nur vor die Hauseingangstür zu stellen und den Vollzug der Aufgabe zu melden. Ich weiß schon, dass auch noch erwartet wird, dass besagtes Müllauffangbehältnis aus der Küche draußen in die dafür vorgesehene Mülltonne entleert wird! Obwohl ich – streng gesehen – den Müll ja nur rausbringen sollte. Und wenn ich diese eine Aufgabe ganz besonders gewissenhaft erledigen will, so wie sie meine Frau auch gemeint hat, putze ich den Mülleimer noch aus und stelle ihn wieder an Ort und Stelle zurück in die Küche. Für meine Frau ist erst jetzt die Aufgabe erledigt. Obwohl ich meinte, dass mit dem vor die Tür gestellten Mülleimer die Aufgabe nach der Art, wie sie gestellt wurde, hätte erledigt sein müssen ...

So gehen die Welten des Sendens und des Empfangens weit, weit auseinander und es entstehen daraus oft Missverständnisse, die zu Streit, ja sogar zu Kriegen führen können. Es liegt also auf der Hand, dass nur ein einwandfreier Umgang mit Sprache, also auch richtiges Senden und richtiges Empfangen, es ermöglicht, miteinander so umzugehen, dass wir uns nicht ständig gegenseitig die Köpfe einschlagen.

Deshalb trägt nicht nur der Sender, sondern auch der Empfänger Verantwortung: Er muss nachfragen, wenn er eine Aufgabe oder eine Frage oder das, was der Andere meint, nicht richtig verstanden hat. Oft trauen wir uns aber das Hinterfragen nicht, obwohl es ein normales Ding im Umgang miteinander sein sollte.

Und: Zum richtigen Senden und Empfangen gehört auch der gegenseitige Respekt, zuzuhören und den Anderen ausreden zu lassen, oder zu lesen, was einem ein anderer auf einem Stück Papier oder in einer E-Mail mitteilen will!

In den modernen Weltanschauungen gehört es aber leider dazu, dem Anderen nicht oder nur ungenügend zuzu-

hören oder ihn nicht ausreden zu lassen, weil man meint, zu wissen, was der andere sagen will. Das geht Minute für Minute, Stunde um Stunde, Tag für Tag, Woche für Woche, Monat für Monat, Jahr für Jahr, Jahrzehnt für Jahrzehnt, Jahrhundert für Jahrhundert und Jahrtausend für Jahrtausend ins sprichwörtliche Auge!
Funktioniert so Globalisierung?
Funktioniert so weltweiter Friede?
Funktioniert so Diplomatie?
Funktioniert so das Verständnis zwischen Frau und Mann?
Funktioniert so das Verständnis zwischen Eltern und Kind?
Funktioniert so das Verständnis zwischen jung und alt?
Ich habe da so meine Zweifel!
Missverständnisse durch ungenaues Senden und Empfangen führen unweigerlich zu Konfrontation und Streit.

Nun weiß die Freundin aber immer noch nicht, wieviel ich über Platon weiß ...

Oder?

Raster und Gerastertes

Der Akteur oder der Held einer Geschichte – und ist sie noch so kurz – braucht einen Namen. Braucht er wirklich einen Namen? Oder könnte man nicht ganz einfach auch namenlos schreiben?

Frau (?), Herr (?)? Blöd!

Obwohl ... es gab doch auch Stummfilme.

Also könnte es doch auch stumm Getextetes geben.

Oder?

Nein, ich glaube, das geht nicht, denn der Schreiber ist beim Schreiben eh stumm.

Und damit das, was er beschreibt, einen Sinn gibt – oder andere verstehen, was er ausdrücken will – braucht er auch Namen. Namen oder Bezeichnungen, die wir Menschen den Dingen gegeben haben.

(Es beschäftigt mich aber doch, und wenn ich mal viel Zeit habe, dann werde ich versuchen, eine Stummgeschichte zu schreiben. Jetzt aber nicht. Weil: Jetzt habe ich keine Zeit und außerdem habe ich genügend Namen und Bezeichnungen parat.)

Also, nennen wir den Akteur unserer Geschichte zunächst »Georg«, später dann: »Gesellschaft«.

Georg, so haben wir beschlossen, ihn zu nennen, ist Sand- und Kiesbaron.

Ja, ich weiß, genau an dieser Stelle muss ich etwas ausholen und kurz beschreiben, was ein Sand- und Kiesbaron ist.

Sonst habe ich das Problem, das ich sowieso häufiger habe: dass mich keiner versteht.

Also, was ein Baron ist, brauche ich nicht weiter zu erläutern, das weiß doch nun wirklich jeder. Oder?

Aber was macht einen zum Sand- und Kiesbaron?

Es soll Menschen geben, die kennen sich mit Sand und Kies, und hier meine ich nicht Geld – das sind wieder andere – gut aus. Das sind Sand- und Kiesspezialisten. Aber nur, weil sich einer mit Sand und Kies besonders gut auskennt, macht ihn das noch lange nicht zum Sand- und Kiesbaron. Aber wenn er – oder gerade, weil er – sich mit Sand und Kies gut auskennt, dieser Spezialist, dann auch noch Sand und Kies sucht, findet und fördert, kann er das Zeug verkaufen. Und wenn er von dem Zeug genügend gesucht, gefunden, gefördert und verkauft hat, wird er vielleicht reich, und dann wird er, weil er vielleicht auch noch sehr reich geworden ist, zum Sand- und Kiesbaron. Denn Barone sind in der Regel reich, zumindest war das früher so.

Egal. Jedenfalls ist unser Georg zum Sand- und Kiesbaron geworden. Nur weil er Sand und Kies – also eigentlich nur Dreck – gesucht, gefunden, gefördert und verkauft hat, wurde er zum Baron?

Ich glaube nicht, obwohl es ja sprichwörtlich heißt: »Er ist mit Dreck reich geworden!« Wenn das stimmte, dann müsste ich beispielsweise sehr reich sein: Denn wenn ich mich in meinem Zimmer umschaue, stelle ich fest, dass mal wieder ordentlich abgestaubt werden sollte, also ordentlich Dreck vorhanden ist. Und dann bin ich wohl sehr reich.

Nein, nein, so funktioniert das nicht mit dem Dreck und dem reich werden!

Was hat also der Georg gemacht, dass er mit seinem Dreck auch noch reich geworden ist?

Ich kann mir nicht vorstellen, dass jemand Dreck um des Drecks willen einem anderen, der den Dreck gesucht, gefunden und gefördert hat, abkauft und ihn – also den, der diesen Dreck verkauft hat – reich macht.

Also wird man mit Dreck doch nicht reich?

Aber unser Georg ist ein Cleverle! Georg hat Dreck gesucht und gefunden und ihn gefördert. Und seinen Dreck auf einen Haufen geschüttet. Und als Georg genügend Dreck auf seinem Haufen hatte, ist er fortgegangen von seinem Haufen und hat sich eine Siebanlage – das ist so ein technisches Gerät, mit dem man Dreck auf einem Haufen in Edel-Dreck klassifizieren kann – gekauft. Sprich: Aus einem Haufen Dreck können nach dem Sieben verschiedene Häuflein sortenreinen Drecks werden. Und erst jetzt ist der Dreck wertvoll, weil er sortenrein ist.

Sortenrein? Was ist passiert mit Georgs Dreckhaufen, den er mittels einer Siebanlage klassifiziert hat? Wie wird aus einem Haufen wertlosen Drecks in einer Siebanlage wertvoller Dreck?

Was ein Sieb ist, brauche ich hoffentlich an dieser Stelle nicht auch noch zu erklären. Denn das müsste doch genau so klar sein wie das, was ein Baron ist. Oder?

Also gut! Ein Sieb ist ein Raster oder ein Drahtgeflecht mit einer bestimmten Maschenweite. Und wenn man auf dieses Drahtgeflecht mit einer bestimmten Maschenweite ein Dreckgemenge gibt, fällt ein Teil des Dreckgemenges durch die Maschen oder auch das Raster durch und auf dem Raster bleibt ein sortenreiner Dreck zurück. Erst, wenn man verschiedene Siebe mit verschiedenen Rastergrößen oder Maschenweiten übereinander anordnet, hat man eine Siebanlage.

So wie unser Georg!

Und unser Georg verstand das Klassifizieren seines Dreckhaufens so gut, dass er heute viele größere und kleinere Dreckhaufen klassifizierten Drecks hat, die jeder Einzelne für sich eine Menge Geld wert sind. Weil: Mit sortenreinem Dreck ist mehr Geld zu verdienen als mit einem Dreckhaufen! Und so wurde Georg zum Sand-und Kiesbaron.

Und ab und an findet Georg auf einem seiner Siebe etwas Besonderes. Etwas, was nichts mit seinem üblichen Dreck zu tun hat. Kein Sandkorn, auch kein Kiesel besonderer Güte – die findet er auch – ist es. Es ist ein Ring aus vergangenen Tagen, ein altertümlicher Knochen, ein Römerschwert, ein Keltenmesser oder ein Geschmeide, womöglich von den Nibelungen. Also: Auf irgendeinem Raster bleibt ein besonderer Schatz liegen. Wenn Georg dafür aber kein Auge hätte, ginge der Schatz in der Menge seines klassifizierten Drecks unter und er könnte diesen Schatz nicht bergen, aufheben oder verkaufen! Das Auge, das Gespür für etwas Besonderes, lässt unseren Georg Schätze finden!

So wie unser Georg seinen Dreck der Güte nach durch Raster in verschiedene Größen klassifiziert, klassifiziert der Mensch alles, was ihm zwischen die Finger kommt, vor allem sich selbst: den Menschen! Das fängt schon damit an, wie sich ein werdender Mensch als Fötus verhält, und geht weiter mit der Geburt. Dann: Wo wurde er geboren? Vor allem: Welcher Rasse stammt er ab? Welche Hautfarbe hat er? Wie ist er in der Schule? Welchen Beruf hat er erlernt oder welches Studium hat er abgeschlossen? Mit welchen Ergebnissen? Steht er erfolgreich im Leben? Und so weiter ... Also schütten wir uns selbst auf das sprichwörtliche Sieb und klassifizieren uns.

Und wer macht sich nun die Mühe, in dem Dreckhaufen Menschen – wenn wir uns unseren Georg als Vergleich heranziehen – die Schätze an Menschen zu suchen, zu finden und zu fördern? Keiner!

Suchen wir uns beispielsweise einmal einen Job. Hunderte von Jobvermittlungsbüros gibt es und die, die sich Headhunter nennen im »world wide web« und in den Tageszeitungen – und schon setzt sich mit denen die Maschinerie der Menschensiebanlage in Gang.

Rauf auf das oberste Sieb, dreimal geschüttelt und übrig bleiben soll die eierlegende Wollmilchsau. Und der Rest? Der wird achtlos in die Ecke der nicht Geeigneten geschmissen und aussortiert. Das sind alles Menschen, die durch das Jobraster, auf das »Nicht-fähig-für-diesen-Job-Raster« gefallen sind! Also Menschen die sich als nicht geeignet für den ausgeschriebenen Job herausgestellt – so in des Headhunters Augen – haben oder von der Gesellschaft – so nennen wir unseren Georg, »den Helden«, jetzt – aussortiert wurden.

Und was macht die Gesellschaft mit diesen Menschen? Sie sind nichts mehr wert für sie! Meist haben sie noch einen Berg voll Schulden am Hals – die sie ja bereit wären, abzutragen. Also: Sie wollen ihre Schulden begleichen!.

Und diese Menschen sind der Gesellschaft nichts mehr wert?

Mit welchem Recht?

Sind nicht gerade Menschen, die tagein, tagaus bereit sind, ihre Schulden begleichen zu wollen, DIE Schätze im »Dreckshaufen der gerasterten Menschen«?

Krieg der Sterne

Sie begegnen uns tagtäglich: die Horoskope, die Sterne und ihre Deuter. Aus jeder Zeitung oder Zeitschrift, aus Magazinen und auch aus dem Rundfunk springen sie uns an. Sagen uns, was wir heute, morgen, übermorgen, diese Woche, nächste Woche, diesen Monat, nächsten Monat, dieses Jahr oder nächstes Jahr zu erwarten, zu tun oder zu lassen haben.

Dann gibt es noch das Fernsehen, aus dem uns sterndeutende und »PAL«-gefärbte Mädchen und Buben erzählen, was die Sterne für uns so alles parat haben, wann es besser für uns wäre, in Deckung zu gehen oder wann wir unserem Naturell freien Lauf lassen können, wann wir eventuell mit einem unerwarteten Geldsegen rechnen können oder auch, wann die Zeiten für geschäftliche und sonstige Entscheidungen nicht so gut sind. Und: auch in Sachen Liebe sind die Sterne und deren Deuter sehr empfehlend. Selbst im »world wide web« tummeln sich Tausende von Menschen, die der Ansicht sind, all den anderen Menschen aufzeigen zu müssen, was die Sterne so für sie parat haben.

Aber fragt man den Nachbarn, den Kollegen, die Kollegin, den Onkel, die Tante, die Mutter, den Freund oder die Freundin, bekommt man meist nur die eine Antwort: »So einen Quatsch lese ich nicht und an sowas glaube ich nicht!« Ja, wer nimmt sie denn dann auf, die vielschichtigen, unzähligen Informationen, die uns die Sterne angeblich ständig über ihre Boten zukommen lassen wollen? Das scheint wie mit der Bild-Zeitung zu sein. Fragt man nach: Keiner liest sie – aber Millionen kaufen sie. Jeden Tag. Normalos, Manager, Unternehmer, Lehrer, Intellektuelle und vermeintlich weniger Intellektuelle.

Ich?

Also ich?

Nein!

Ich lese weder Horoskope noch die Bild-Zeitung!

Nein, also mit so etwas Wenigwertigem gebe ich mich doch nicht ab!

Oder?

Wenn ich mir es mir richtig überlege und ausnahmsweise mal ganz, ganz ehrlich bin, geht es mir wie euch allen dort draußen: Ich lese die Bild-Zeitung schon seit meinem sechsten Lebensjahr und etwa seit der gleichen Zeit lese ich sogar auch Horoskope ... wie einen »Tagesbefehl«!

Was?

Ob ich daran glaube?

Aber nein, wo denken Sie denn hin?

Und?

Warum ich dann den Quatsch überhaupt lese?

Ha, es könnte ja was dran sein, an dem, was die Sterne so für einen parat haben!

Außerdem bin ich »gierig« ... neugierig!

Und?

Zu allem Überfluss habe ich mir die Tage auch noch ein Persönlichkeitshoroskop erstellen lassen, für das ich sogar noch Geld bezahlt habe.

Ja, ein dickes Paket ist es schon geworden, diese Sterneninformationen über mich. Unglaublich!

Und jetzt kommt's!

Nachdem ich es durchgelesen habe, kam ich mir nackt vor – splitterfaser nackt! Noch nicht einmal die Haut war noch an der Stelle, wo sie hingehörte. Dort stand alles, aber auch wirklich alles genau so drin, wie es war und ist! Nichts weggelassen und nichts dazu geschrieben. So, wie ich bin!

»Woher wissen die das, die Sterne?«, war mein nächster Gedanke. Haben die Spione oder Detektive hinter mir hergeschickt, mich über fünfzig Jahre lang beobachtet? Nein, die hätte ich schon bemerkt, so über die Jahre.

Ergebnis?

Es ist was dran, an dem, was die Sterne – eigentlich sind es ja eher Planeten – uns sagen können! Aber es sind nur Aspekte im Persönlichkeitshoroskop, ein mögliches, beschriebenes Geburtspotenzial. Denn man muss sich bewusst sein, dass weder die Sterne noch die Planeten dazu zwingen, irgendetwas zu tun oder zu sein!

Aber: Die Sterne lügen nicht!

Spiegelgefechte

Weiß Gott allein, warum es allmorgendlich dasselbe Theater ist! Man schält sich aus dem Bett, geht ins Bad, stellt sich vor den Spiegel und schaut. Man schaut auf ein zerwuseltes, ungebügeltes, pumuckelähnliches Etwas. Bei mir ist das so, dass ich mich zu allem Überfluss auch noch dreimal sehe. Von vorne, zu zweidrittel von der linken Seite und zu zweidrittel von der rechten Seite.

Als würde einer nicht völlig ausreichen, muss er gleich dreimal auf mich zukommen, der Kerl im Spiegel, um es mir zu zeigen, mein Gesicht, unweit vom Faltenwurf meines Schlafhemdes entfernt.

O. k., dann fangen wir doch mal an, dich da drin im Spiegel frischzumachen und aufzumöbeln – oh Gott, jetzt drückt's auch noch. Also gut, nehm ich halt eine Auszeit. Eine Auszeit vom Wienern und Wischeln.

Schon deutlich entschlossener die Rückkehr zum Spiegel – und erneut reingeguckt.

Ja, was ist denn das? Hat sich doch so ein kleines, fast weißliches Etwas zwischen der zweiten und dritten Andeutung meines linken Krähenfüßchens versteckt. Also! Ein geübtes »Jetzt quetsch ich dich« und schon ist es weg. Noch ein bisschen mit der Fingerkuppe draufgeklopft und man sieht fast nix mehr.

Wasserhahn auf ...

Eigentlich hat das Teil, aus dem das wohltemperierte Wasser rauskommt, nichts mit einem Hahn zu tun ... inwendig eher mit einem Schieber oder mit einer Platte mit Spindel ...

Hände zur Schale geformt, aufgefüllt und ins Gesicht mit dem Nass. Nein, nein, nicht zu kalt! Man muss ja auch nicht zu schnell aufwachen. So ein leichtes lauwarmes Wasser ist schon o.k.. Dabei die Äuglein vom Nachtschlaf ordentlich gereinigt. Und dann mit dem bereitgelegten Handtuch – es kann auch ein frisches Fußtuch sein –, das ganze Gesicht abgetupft. So lange, bis es trocken ist. Aber nicht reiben und schon gar nicht rubbeln. Das mag die Gesichtshaut gar nicht und vor allem dort nicht, wo die Tränensäckchen sind!

Der prüfende Blick auf die dreimalige Spiegelabbildung sagt mir: schon besser. Das macht Hoffnung für den Rest!

Nun kommen die Beißerchen dran. Schön sind sie ja nicht, aber ich glaube, ich könnte damit jemandem das Genick durchbeißen. O.k., o.k.! Vielleicht nicht gleich ein Genick durch, aber ein Finger wäre ab. Meine Zahnärztin wäre längst arbeitslos, hätten alle ihre Patienten ein solches Gebiss. Und fast noch alle drin, die Zähnchen. Bis auf, ich muss mal überlegen, drei Weisheitszähne und ein Schneidezahn. Die Weisheitszähne waren normaler Schwund und der Schneidezahn mit der Nummer 12 (einer aus der zweiten Reihe, also dahinter) fiel einem Dentisten zum Opfer, der meinte: Wenn er den entfernt, dann gibt's mit der Zeit einen Lückenschluss. Hat fast Recht gehabt, dieser Dentist. Also – kurz und gut: noch ein ordentliches Kauwerkzeug, was sich da normalerweise hinter meinen Lippen versteckt!

Rauf mit der Zahnpasta auf das Pflegewerkzeug und ordentlich damit umgegangen. Von unten nach oben, über das Zahnfleisch, die Zahnhälse entlang. Und von oben nach unten, über das Zahnfleisch, die Zahnhälse entlang. Und das solange, bis die obere und die untere Zahnreihen von rechts nach links und von links nach rechts schön geputzt sind. Nun noch das Ganze von innen.

Fertig?

Nein!

Wenn also die Hackerchen so äußerlich und inwendig schön geputzt sind, kommen die Mahlflächen derselben dran, sprich: die Draufsichten der Beißerchen. Die kann man ordentlich schrubben, so, als würde man ein Schiffsdeck mit einem Stück Holz bearbeiten.

Nun fertig?

Nein!

Die Zunge und der Gaumen haben ja auch noch ein Recht auf Sauberkeit. Vor allem für Raucher ist das wichtig, damit die Geschmacksnerven wieder richtig funktionieren und das Nikotin besser von der Schleimhaut aufgenommen werden kann. Das muss ja schon irgendwie in die Blutbahn, das Zeug. Jedenfalls können Gaumen und Zungenoberfläche kräftig geschrubbt werden. Nein, nicht so fest, dass das Blut spritzt. Und wenn man das nun richtig gemacht hat, sind rundeweg fünf Minuten vergangen – kann auch länger dauern. Nun nur noch die Essensaufnahmehöhle schön ausgespült und dabei auch das Reinigungswerkzeug gesäubert.

Zahnbürste weggestellt und fertig ist der Kussmund!

Nun noch einen Tipp für die, die tagsüber die Finger vom Nikotin und vom Koffein nicht lassen können! Zahnbürste wieder raus aus dem Versteck, eine Tüte Backpulver geholt und das Backpulver rauf auf die nasse Zahnbürste und damit die Zahnaußenflächen – das sind die Flächen, die einen anderen Menschen beim Lachen anstrahlen – poliert. Mit Geduld und der sprichwörtlichen Spucke strahlen die Zähnchen wieder so, als hätten sie gerade erst die Milchzähne aus ihren Verankerungen gescheucht, um deren Platz einzunehmen.

Nun mag ich schon fast wieder, was die Spiegel so zeigen!

Jetzt kommt das, worauf ich mich schon die ganze Nacht freue: die Rasur meines Gesichtes.

Faulenzer nehmen so ein elektrisches Teil mit einem, zwei oder drei Scherköpfen, um dem Vierundzwanzigstundenwuchs im Gesicht zu Leibe zu rücken, und behaupten auch noch, dass das Verwenden solcher Automaten etwas mit Rasur, also Schaben, zu tun hat. Ganz große Faulenzer lassen das Haarzeug stehen und nennen es dann Zwei- oder- Dreitagebart. Möglich, dass in uns doch noch mehr unserer »Urväter« steckt, als uns bewusst ist. Dabei gehört das Zeug aus dem Gesicht! Es sei denn, man ist wirklich Bartträger. Aber dann bitteschön müssen die Überbleibsel, die uns daran erinnern, woher wir abstammen, gepflegt sein. Also, wenn ich Frau wäre und sollte mit dem kuscheln und küssen, was man so alles als gesichtsgepflegten Mann vorgesetzt bekommt, würde ich den Chef bitten, dass er die Rippe, aus der ich gemacht bin, wieder zurücknimmt.

Aus einem Verlies, vor jeder Öffentlichkeit versteckt, hole ich nun die Werkzeuge der allmorgendlichen Begierde: einen Rasiertopf, einen Rasierpinsel und einen Rasierapparat. Nein, es ist schon eher ein Systemrasierer mit zwei Klingen. Früher habe ich einen richtigen Rasierapparat benutzt, also so ein Teil mit nur einer Klinge – gibt es heute, glaube ich gar nicht mehr oder nur für die Hornhaut der Füße. Damit, gebe ich zu, kann es, wenn man seine Hirnwindungen noch nicht alle beisammen hat, sein, dass man einen Alaunstift benutzen muss, weil man sonst eher an ein frisch geschlachtetes Mastvieh erinnert und von den Kollegen nur Häme erntet. Aber mit einem Systemrasierapparat kann, auch noch halb schlafend, nicht viel Schlimmes passieren. Und als total Ungeübter sollte man auf das Rasieren mit einem Rasiermesser gänzlich verzichten.

Leicht ist es passiert, dass man rumläuft wie Vincent oder dass man seiner Frau sehr viel Mühe bereitet, nach seinem eigenen Abgang das Bad wieder ordentlich sauber zu bekommen. Aus so einer aufgeschnittenen Halsschlagader kommt schon viel Blut ... Das wäre ja noch nicht das Schlimmste, wenn es nur nicht so spritzen würde und dabei alles versaut – die Bodematte, die Handtücher und so weiter und so fort!

Also ein Systemrasierapparat. Einer mit zwei Klingen reicht vollkommen. Heute gibt es schon Systemrasierapparate mit bis zu fünf Klingen. Was das soll, versteht Gott allein. Wer mit zwei Klingen nicht umgehen kann, der schafft das schon gar nicht mit dreien oder gar fünfen, und die auch noch übereinander angeordnet!

Bevor ich mich aber in weitere Tiefen der Rasierapparatewelt verliere, noch eines zu, na, dem zweitwichtigsten Werkzeug: dem Rasierpinsel! Was für einen ordentlichen Rasierapparat die richtige Anzahl von Rasierklingen ist, ist für einen Rasierpinsel die Quaste. Die muss aus dem Feinsten, was so ein Silberspitzendachs hergeben kann, bestehen. Mit einem wirklich guten Rasierpinsel ist es wie mit einer Frau. Je mehr Liebe und Pflege man(n) dafür aufbringt, um so länger hat man daran. Also, so ein sehr guter Rasierpinsel hält schon 15 bis 20 Jahre. Soll heißen, in einem durchschnittlichen Bartleben braucht man höchstens drei bis vier von diesen Teilen! Und man sollte die Finger weg lassen von Rasierpinseln aus Schweineborsten. Die sollte man seiner Haut nun wirklich nicht antun. Man will ja auch keine Kratzbürste zur Frau. Oder? Außerdem sind die langfristig gesehen viel, viel teurer. Ich könnte das schon noch ein wenig ausschmücken, das mit der richtigen Quaste, aber lassen wir das.

Viele verschmähen den Einsatz eines Rasierpinsels gänzlich und benutzen Rasiergel oder Rasierschaum aus der Dose. Das ist nicht gut. Das ist wie ein One-Night-Stand. Natürlich sind One-Night-Stands was Herrliches, wenn man unterwegs ist oder keine Zeit hat – aber nicht bei der allmorgendlichen Rasur!

Rasiercreme aus der Tube auf den Pinsel gedrückt und damit den Bart eingeseift – O.k. Aber das Wahre ist das auch nicht. Zur richtigen Aufbereitung des Rasierschaums sollte man schon Rasierseife im Schaumtopf mit dem Rasierpinsel schaumig schlagen können.

Wenn ich für die Rasur alle Vorbereitungen abgeschlossen habe, also den Rasierapparat mit dem Rasierpinsel und den Schaumtopf aus ihrem Verlies geholt habe, schlage ich mit dem Rasierpinsel die Rasierseife im Rasiertopf schaumig. Natürlich geht das nur dann, wenn man vorher auch etwas Wasser in den Rasiertopf gegeben hat. Aber nicht zu viel Wasser! Bei zu viel Wasser gibt das keinen richtigen Schaum, sondern nur eine Labberbrühe, die man sich hinterher ins Gesicht schmieren muss. Bei zu wenig Wasser ist das Ganze zu fest und wird nicht schaumig – auch schlecht. Ich gebe zu, bei allem immer das richtige Maß zu finden, ist nicht einfach. Aber mit ein wenig Übung hat man den Bogen schnell raus.

Die Zeit, in der ich die Seife schaumig schlage, nutze ich, um zu schauen, ob sich über Nacht weitere unliebsame Gäste in mein Gesicht geschlichen haben. Könnte ja sein, dass eines dieser ultrafeinen Fältchen sich erlaubt hat, tiefer zu werden. Die Zeit eignet sich auch gut, um festzustellen, ob sich Haare aus der Nase oder aus den Ohren zeigen. Sollte dies der Fall sein, wird sofort unterbrochen mit dem Schlagen, und den Störenfrieden mit einer geeigneten Schere der Garaus gemacht.

Nun, was ist eine geeignete Schere? Alles, was schnippschnapp macht, aber weder zu lang noch zu spitz ist. Das Durchstechen zur Nebenhöhle sollte man schon Profis überlassen, wenn es nötig ist.

Die schaumig geschlagene Rasierseife wird, wenn sie sahnige Konsistenz aufweist, mit dem Rasierpinsel auf meiner Gesichtshaut und den zum Vorschein gekommenen Haarspitzen verteilt. Anfangen tu ich meist unterhalb der Kotletten. Rechts oder links hängt von der morgendlichen Eingebung ab. Ratsam ist, dass man das, was man rasiert, vorher schon schön feucht macht! Am besten schön warm, damit sich die Haare und Härchen auch schön stellen.

Nach ordentlich eingeseiftem Haar kommt dann der Rasierapparat zum Einsatz. Schön langsam und gleichmäßig über die Haut, versehen mit einem leichten Druck, gleiten lassen. Und immer daran denken, dass man ein verdammt scharfes Schneidewerkzeug in der Hand hält!

Eine gröbere Unachtsamkeit und es gibt Entstellungen. Dann, dann hilft meist nur noch der Alaun, um der Sauerei Einhalt zu gebieten.

Ist das Weiße weg, ist in der Regel auch das störende Haar weg. Nach getaner Arbeit prüfe ich mit den Fingerkuppen noch, ob ich auch alles erwischt habe. Dort, wo sich ein paar Härchen nicht der Rasierklinge gestellt haben, wird noch etwas nachgearbeitet. Sieht einfach besser aus und zeigt den wirklichen Profi!

Damit die Schaumreste aus den Hautporen auch wirklich alle verschwinden, wird die rasierte, glatte Haut mit lauwarmem Wasser endgereinigt. Schlampert man hierbei, gibt es Pickel. Und die haben die Haut nun wirklich nicht zusätzlich zu verunstalten!

So, vorläufig fertig, der Bub!

Fingerkuppen

Verloren mein Blick in der weiten Ferne.
Den Arm auf dem Tisch abgestützt.
Meine Finger spielen mit meinen Lippen
und mit meiner Nasenspitze.
Gleiten ab und ertasten meine Wangen, meine Augenlider.
Wieder zurück zu Nase und Mund
und dann hinauf zur Stirn.
Sie muzen sich an meinen Wimpern
und an dem festeren Haar meiner Brauen.
Meine Gesichtshaut signalisiert
an zwei meiner drei Hirnwindungen:
Zufriedenheit, Wohlgefühl, Wärme,
ja, sogar das Gefühl einer gewisser Geborgenheit.
Und wenn ich es übertreibe, jagt es mir sogar einen Schauer
über die Haut – bis hinunter zum kleinen Zeh.

Zurück im wirklichen Leben schau ich sie mir genauer an.
Meine Hand;
meine Finger;
meine Fingerkuppen.
Und versuche zu überlegen,
was ich mit denen schon so alles angestellt habe.
Was sie mich schon alles
erfühlen,
ertasten,

erfahren,
festhalten und wieder loslassen
ließen.

Bestimmt Millionen Worte schreiben,
Millionen mal zupacken,
Millionen mal loslassen,
Millionen mal streicheln,
Millionen mal zärtlich sein,
Millionen mal liebkosen!

Das alles mit meinen
zwei Händen,
zehn Fingern und
zehn Fingerkuppen.
Die Gedanken verlieren sich wieder
und schweifen bis zum Horizont.

Und dann spüre ich selbst meine Fingerkuppen.
Und fühle wie sie
Haut stimulieren,
Haut ertasten,
Fleisch in Wallung bringen,
Kreisläufe anheizen bis zum Exzess.
Meine Fingerkuppen!

Hartes und Verhärtetes

An irgendeinem Freitag, ich glaube, es muss in einem Winter vor Jahren gewesen sein, nachdem ich gerade mein Auto in die Garage gefahren hatte, beobachtete ich im Dunkel des abklingenden Tages, wie ein Auto langsam an unserer Wohnanlage vorbeifuhr und wieder umkehrte. Zielstrebig steuerte der Fahrer die gegenüberliegende Straßenseite an und stellte den Wagen dort ab.

Die Tür flog auf und aus dem Auto sprang ein kleines Etwas, kaum länger als ein Meter fünfzig. Ich weiß nicht mehr warum, aber ich erinnerte mich urplötzlich an den Film: »Wenn die Gondeln Trauer tragen«.

Die Person, in eine Kutte gehüllt, aus der gegebenen Distanz vermutete ich einen Parka oder so, öffnete den Gepäckraum dessen, was für gewöhnlich noch als »Auto« bezeichnet werden kann und verschwand darin mit mindestens einer halben Körperlänge. Nach einer Weile wuchtete sie einen kantigen, flachen und großen Gegenstand über die Ladekante. Sie tat sich sichtlich schwer damit. Hätte ich schon gewusst, welch zierliches und zartes Persönchen sich da abmüht, hätte ich mich dazu hinreißen lassen, ihm zu helfen.

Mit einem vor Anstrengung verzerrtem Gesicht kam mir die Person gebückt und schief laufend entgegen. Ich fragte: »Haben Sie sich absichtlich in das Halteverbot gestellt?« Flink schaute sich das Persönchen um, mittlerweile erkannte ich ein Mädchen, und rief mir, eiligen Schrittes weiterlaufend, zu: »Ich habe hier im Haus zu tun, bin aber bald wieder weg.«

Den großen Gegenstand, mit dem sie sich sichtlich abmühte, im Schein der Beleuchtung nun besser ausmachend, klassifizierte ich als eine Art übergroßen Tapeziertisch. Während ich meinen Gedanken nachhing, war das kleine Mädchen auch schon im Treppenhaus verschwunden. Ich sah von außen durch die Glasfassade des Treppenhauses, wie sich die zierliche Frau die Treppen hochmühte.

Zwischenzeitlich selbst im Treppenhaus angekommen, hörte ich nur noch, wie sie in einer der oberen Wohnungen verschwand.

In der Wohnung, noch mit dem Aktenkoffer in der Hand, musste ich sofort loswerden, was ich gerade erlebt hatte. Nach einem Begrüßungskuss sagte meine häusliche Regierung, die was gleichzeitig auch meine Frau ist: »Die Frau habe ich schon öfter hier im Haus gesehen, ich glaube, die ist immer beim Rolf oben.«

Rolf wohnt mit seiner Frau in einem der beiden Penthäuser. Meine Schuhe ausziehend fragte ich: »Und was macht die bei Rolf mit einer Art Tapeziertisch, der fast größer ist als sie selbst?«

»Das weiß ich auch nicht!«, kam es aus der Küche zurück.

Das Ganze ließ mir keine Ruhe und so beschloss ich, Rolf zu fragen, wer dieses kleine, zierliche Etwas sei, was sie bei ihm mache und warum sie das bei ihm macht, was sie macht.

Noch in der gleichen Woche, ja, tags drauf am Samstag, traf ich Rolf im Hof und fragte ihn nach diesem Persönchen.

»Sag mal«, fragte ich, »hilft die dir beim Renovieren und Tapezieren?«

»Wie? Was? Wer renoviert?«

»Na, dieses Persönchen, renoviert die bei dir?«

»Welches Persönchen renoviert wo?«

»Na, die kleine Frau, die mit dem Tapeziertisch, die bei euch gestern Abend in der Wohnung verschwunden ist ...«

Rolf fing an zu lachen und klärte mich auf.

»Meinst du so eine winzige Frau?«, fragte Rolf, der noch ein, zwei Zentimeter länger ist als ich. (Aber nur, wenn er gerader dasteht als ich – hat halt nicht so viel Lasten auf dem Buckel wie ich!)

»Ja, genau so eine«, sagte ich und zeigte dabei etwa auf die Mitte meiner Brust.

»Das, das war Manuela, meine Masseurin!« Und fügte hinzu: »Du weißt doch – meine Rückenprobleme.«

Aha!

»Ja, das ist bestimmt was ganz was Tolles, so eine Masseurin!«, stellte ich mit gebotener Süffisanz fest. »Und? Wie oft kommt die so, diese Masseurin, diese Manuela?«, hakte ich nach.

»Einmal die Woche.«

»Und wozu braucht sie den Tapeziertisch?«, wollte ich noch wissen.

»Das ist kein Tapeziertisch, Michael, das ist eine transportable Massagebank.«

»Aha!«, fügte ich verstanden habend hinzu.

Ich verschränkte meine Arme, stützte mein Kinn im Inneren meiner rechten Handfläche ab und bohrte weiter nach: »Sag mal, ob die auch bei anderen das Harte und Verhärtete wieder weich bekommt und bekommen will?«

»Klar, für Geld tut die das und bestimmt und auch bei dir. Ich kann sie ja mal fragen.«

»Gut, frag sie bitte!«

Wieder bei meiner Frau erzählte ich ihr, was ich gehört hatte und was sich in unserem Haus so zuträgt, wenn diese kleine Person – mich immer noch an den Film: »Wenn die Gondeln Trauer tragen« erinnernd – ihr Auto im Halteverbot abstellt und mit einem Tapeziertischverschnitt durch das Treppenhaus wuselt.

Am Freitag der darauffolgenden Woche, es war so gegen dreiviertel neun Uhr abends, klingelte es an der Wohnungstür. Ich stand auf, sah das Mädchen meiner Liebe fragend an: »Wer kann denn das sein?«, und lief zur Tür.

Öffnete sie und schaute erst einmal ins Leere. Ich senkte meinen Blick etwas und war überrascht, als zu mir eine kleine, lebendig dreinblickende junge Frau mit einem Lächeln im Gesicht sagte: »Ich bin die Manuela und soll mal bei euch vorbeischauen.«

»Ach ja, die Dame, die sich mit Verhärtungen auskennt«, erwiderte ich und bat sie hereinzukommen.

Schon stand sie hinter mir in der Wohnung. Beim Umdrehen schloss ich die Wohnungstür und schaute sie dabei an. Das parkaähnliche Gebilde, das sie anhatte, war fast größer als sie selbst. Nun wusste ich auch, warum sie mich immer an diesen Film erinnerte: Sie hatte eine frappierende Ähnlichkeit mit dem kleinen Männchen, das dem Hauptakteur, Donald Sutherland, mit einem Beilchen nach dem Leben trachtete.

Nachdem ich sie gebeten hatte abzulegen, schälte sie sich aus ihrer Bekleidung und drückte mir diese in die Hand.

Noch beim Aufhängen des schwarzen Teiles, was immer das auch war, betrachtete ich sie weiter und freute mich darüber, wie sie ohne zur Geltung kam. Sie war sehr grazil – eher an ein Wiesel oder an einen Marder erinnernd. Schlank! Nicht dürr – nein durchtrainiert und flink.

Immer montags kommt sie nun auch zu uns. Ich hätte nie gedacht, dass ein solch kleines Persönchen die Teile im Körper eines Menschen, die vergraben sind und sich Muskeln nennen, findet und allesamt solange malträtieren kann, bis sie freiwillig ihr Dasein als Hartes und Verhärtetes aufzugeben bereit sind. Egal, wo sich diese Teile, also diese Muskeln, auch immer befinden mögen, sie findet sie. Alle. Manchesmal greift sie so in mich hinein, dass ich ihr sagen muss: »Du, das lebt, dieses Fleisch!«

Aber gut ist's!

Irgendeiner will immer was

Irgendeiner will immer was.
Das fängt schon damit an, dass, wenn man morgens noch tief vergraben in seinem Bettchen liegt und kaum die Ohrenspitzen rauslugen, der Wecker will, dass man endlich aufsteht.

Kaum hat man die Hirnwindungen eingeschaltet, will das Bläschen entleert werden. Steht man endlich auf, stolpert man über den auf dem Wege zum »Töpfchen« liegenden Hund, der raus will.

Gibt man den Hundeaugen nach, will das Körperchen eine Jacke und das Hälschen einen Schal. Weil – die wollen nicht frieren.

Kommt man zurück, lugt die Zeitung aus dem Briefkasten – jetzt will der Briefkasten, dass man ihn aufsperrt und ihn von dem Zeitungsgeschmiere befreit, und die Zeitung will, dass man sie mitnimmt und liest. Ist man wieder vor der Haustür, will die, dass man sie aufsperrt.

Begegnet man jetzt seiner Frau, will die ins Bad und obendrein will sie, dass man Kaffee kocht und den Frühstückstisch deckt.

Hat man das Frauengewolle erledigt, wollen die Frühstückseier aus dem kochenden Wasser. Und wollen auch noch abgeschreckt und geköpft werden.

Ist man mit dem vielen Wollen am frühen Morgen fertig, setzt man sich ins Auto. Jetzt wollen die Gesundheit und der Staat, dass man sich anschnallt. Und wenn man das nicht tut, will der Staat auch noch Geld für sein Wollen.

Bist du endlich im Büro, wollen die Angestellten mit dem Chef reden.

Möglicherweise wollen sie auch noch mehr Geld.

Beim Postdurcharbeiten stolpert man über lauter Woller. Der eine will ein Angebot, das Finanzamt will Geld und die Bank will einen Termin und will bestimmt, dass man seine Überziehung ausgleicht.

Bist du im Netz, wollen viele eine Antwort, eine Reaktion, auf den Arm oder gar nix von Dir.

Hat man all den Tageswollern nachgegeben, fährt man nach Hause – unterwegs will das Auto noch schnell getankt werden – und die Wollerei geht gerade so weiter. Die Kinder wollen, dass man sich um sie kümmert und die Frau will, dass man ihr zuhört.

Ist man endlich wieder im Bett, geht die Wollerei gerade weiter und wehe du willst nicht!

Und?
Wo, bitteschön, bleibe ich?
Was will ich?

Augen zu und nix mehr gewollt!

Nass gemacht

Gestern?

Ja, gestern!

Gestern war es, als mich eine einzelne junge Dame an einen Auftrag erinnerte, den sie mir schon in der letzten Woche gegeben hatte! Nun ist das in der Regel so bei mir, wenn ich einen Auftrag bekomme: Aufträge, die ich mir selbst erteile, erledige ich »stantepede«. Aufträge, die ich von meiner häuslichen Regierung bekomme, erledige ich nur dann schneller, wenn es gar nicht mehr anders geht. Aufträge, die ich von der Mutter meiner häuslichen Regierung bekomme, erledige ich gar nicht, von der lasse ich mich nicht beauftragen, höchstens bitten. Aufträge, die ich sonst bekomme, trage ich in meine Agenda ein und erledige sie, wenn ich Lust dazu habe oder wenn sie an der Reihe sind.

Und gestern hatte ich Lust!

Mensch hatte ich eine Lust!

Also bin ich »fortgedappt«. Ziellos, einfach fortgedappt. Wohin? Weiß nicht – einen Auftrag abarbeiten.

Und unterwegs dorthin habe ich noch etwas Sinnvolles getan: Ich habe mich mit einem Schneckchen abgegeben. Das Schneckchen lag völlig ausgetrocknet vor mir und hat keinen Mucks mehr gemacht! Beinahe »draufgedappt« wär ich, wenn ich's Schneckchen nicht noch in letzter Sekunde gesehen hätte. Ich habe mich gleich nach ihm gebückt und habe es untersucht. Und meine Untersuchungen haben ergeben, dass es ganz ausgetrocknet war, das Schneckchen. Und hätte ich mich nicht gekümmert um das Schneckchen, wäre es bestimmt den »Vertrockentod« gestorben. Also habe ich es aufgehoben und feucht gemacht. Und schon beim Feuchtmachen habe ich sehen können, dass das hilft, wenn man's nass macht, das Schneckchen. Und so habe ich es weiter, aber ganz vorsichtig und langsam, nasser gemacht. Solange, bis es wieder voll im Leben war! Wie lange das gedauert hat? Also, ich schau dabei nicht auf die Uhr, aber ich denke, so nach einer halben Stunde war es so nass, dass es zumindest wieder aus seinem Haus kam und anfing, weiter seines Weges zu ziehen.

Aber das wollte ich jetzt gar nicht erzählen, das vom Schneckchen. Sondern von der Erfüllung des Auftrages. Also jedenfalls bin ich dann, nachdem das Schneckchen wieder im Leben war, weil ich es nass gemacht habe, zu so einen Laden gefahren, in dem es Unmengen an Papier, das man zwischen zwei Buchdeckel gepackt hat, zu kaufen gibt. Gleich, ich war noch gar nicht richtig auf der anderen Seite der Schwelle des Ladens angekommen, hat sich auch schon so ein »Fräulein« auf mich gestürzt und wollte wissen, ob sie mir helfen kann?

»Mir?«, fragte ich zurück und ergänzte: »Mir ist nicht zu helfen!«

Und beobachtete dabei, wie ihr sofort ihr Lächeln erstarb. Nachdem ich dafür verantwortlich war, dass ein Lächeln gekillt wurde, habe ich mich umgeschaut. Umgeschaut, weil ich einen Auftrag hatte, nach einem Buch zu suchen. Und dann sollte ich auch noch den Verlag, in dem das Buch erschienen war und die ISBN-Nummer aufschreiben, damit der Auftraggeber das nachvollziehen kann, wie das Buch aussieht. Also, richtigerweise gesehen waren das jetzt aber nicht nur ein Auftrag, sondern gleich mehrere Aufträge. Aber nachdem ich eh schon ein Schneckchen nass gemacht hatte, war ich guter Dinge und nahm das jetzt nicht so ernst und habe gesucht. Eine Stunde verging, nix gefunden! Eine zweite Stunde verging, immer noch nix gefunden. Das »Fräulein« kam des Öfteren vorbei und ließ sich freiwillig immer wieder ihr Lächeln umbringen. Genau nach zwei Stunden und zehn Minuten hatte ich keine Lust mehr und verließ den Laden. Und beobachtete aus dem Augenwinkel heraus, wie das letzte Lächeln auch noch gekillt wurde, weil ich nix gekauft habe.

Gezappeltes

Gibt es doch Menschen, die sie arg plagen!
Was?
Die Auswirkungen der Kraft, die mit den Jahren an ihnen alles, aber auch wirklich alles, nach unten zieht.

Bei mir? Ja, leider auch bei mir. Aber es geht noch. Und ich bin froh, dass es diese Kraft gibt! Denn hätten wir diese Kraft nicht, stünde kein Stuhl auf dem Boden und würde kein Telefon auf dem Tisch stehen bleiben und so weiter und so weiter.

Aber einen selbst soll sie bitteschön verschonen!

Was?

Wovon ich spreche?

Na, von der Schwerkraft!

Also, wenn ich mich so zurückerinnere, an »vorgestern« – ja, länger ist das ja noch nicht her – da war alles noch an seinem Platz, da, wo es hingehörte. Die »Muskelscher« saßen noch stramm da, wo sie gewachsen waren. Die Backen, also die im Gesicht, hingen noch nicht runter wie die Lefzen eines Bernhardiners und die Augenlider, sowohl die Oberen wie auch die Unteren, hatten auch noch nicht diese schlimmen Ausbeulungen. Die erst beim Schließen derselben einigermaßen verschwinden.

So ist das halt mit der Schwerkraft und dem, woran die so zieht.

Wann das anfängt, das mit der Zieherei?

Eigentlich schon gleich. Also schon, wenn man diesen warmen und kuscheligen Ort im Bauch der Mama verlassen hat. Schon damals hat sie gezogen, die Schwerkraft. Babyspeck hat man das genannt.

Und ich habe diesen Ort der Geborgenheit zu einer Zeit verlassen, in der man noch der Meinung war, dass nur ein properes Aussehen von Kindern davon zeugt, dass das Kind gesund ist. Und man hat gefüttert und gefüttert und gefüttert. Und damit's Kind noch gesünder aussah, hat man das Haferflockenbreichen durch vorheriges Verabreichen eines zusätzlichen Schlucks Lebertran zu vervollkommnen versucht. Heute braucht's das alles nicht mehr. Heute ist in dem industriell Zusammengerührten und fertig zu Kaufenden, in einem Gläschen, schon soviel an Nahrhaftem drin, dass es eigentlich auch noch für die Hundewelpen und das Nachbarkind reichen würde.

Dann kommt eine spannende Zeit. Man wird lang und länger und der Babyspeck, der ja noch ganz niedlich aussah, verwächst sich. Sollte jedenfalls so sein. Bei denen, bei denen er sich nicht verwächst, hat die Schwerkraft ihre regelrechte Freude am Ziehen. Denn sie zieht schon an Körperstellen, die eigentlich erst später im Leben abwärts gezogen werden sollten. Sie zieht schon am Po, an den Hüften, sofern vorhanden, und an den »Welger«, die sich zwischen unterem Rippenbogen und Schambein so richtig heimisch fühlen. Und damit das ganze Halt findet, zwängt man sich dann in Hosen und Jeans, meist noch eine Nummer zu klein, rein.

Hübsch anzuschauen ist das, wenn man durch die Stadt läuft und sieht, wie die Nähte der Hosen kurz davor sind, das Halten des Stoffes aufzugeben. Am beschaulichsten waren die Zeiten, in denen man Hosen trug, die mehr zeigten, als sie verdeckten, und alles so richtig schön rausquoll und die Schwerkraft das Rausgequollene über den Hosenbund gezogen hat. Ganz besonders hübsch anzusehen waren die Entenärsche, wenn man sich zwischen Hosenbund und zu kurzem Shirt auch noch ein »Arschgeweih« einstechen ließ oder auch heute noch lässt.

Und so zwischen »vorgestern und gestern« kommen Zeiten, wo eigentlich nichts mehr gezogen, also Richtung Fußboden vom »Körpersche«, werden sollte. Straffer Po, kein Wabberbauch, durchtrainierter Rücken, Arme wie eine Venus oder ein Adonis, Beine gerade und schön – wie die von Barbie oder Ken – und Brüste, rund und prall wie ein Apfel kurz vor dem Aufessen!

Aber Vorsicht! Bei manchen, vor allem an Fußball interessierten, dreibeinigen Wesen ist das die Zeit, in der sich eine Hopfen-und-Malz-Ausbeulung zeigt, die just anfängt, sich über den Hosenbund ziehen zu lassen.

Und das können auch die Zeiten sein, in denen sich Zugerscheinungen bei denen aus der einen Rippe unterhalb der Schlüsselbeine zeigen. Bei manchen sogar so stark, dass die Augen das Schielen anfangen.

Abgesehen davon, dass nahezu alle Menschen, ungeachtet des Alters, ständig Zugerscheinungen im Gesicht und dort speziell an den Mundwinkeln haben, stellt sich dann, also nach vorgestern und gestern, eine Zeit ein, in der an allem gezogen wird, was so am »Körpersche« ist. Die Waden hängen nach unten; der Bauch sowieso, der dann erlaubte Hüftspeck ist nicht mehr von alleine straff, sondern lässt sich nur noch straff ziehen ... Ich glaube, hier gebietet es mir der Anstand, nicht weiter aufzuzählen, was so alles wohin gezogen wird.

Nun, bei all den Auswirkungen der Schwerkraft lässt sich doch bestimmt auch etwas dagegen tun?

Ja!

Ein Abnäher hier, ein Abnäherchen dort, ein Strafferchen auch hier und ein Strafferchen auch dort. Und damit das ganze Gestraffte und Abgenähte dann auch noch schön rosig erscheint, sollte man unbedingt noch von Botox Gebrauch machen und sich so ein bis zwei Liter unterspritzen lassen.

Aber bitte nicht vergessen, dass zwei Jahre danach Nacharbeiten anstehen!

Feldstudie

Die Tage – wühl, nachschau –, also ganz genau war es in der letzten Woche, haben mich doch ein paar von denen, die aus besagter einen Rippe stammen, versucht zu nötigen!

Mich?

Ich lass mich nicht nötigen, jedenfalls nicht von denen, die uns um einen Knochen verlustig gebracht haben!

Es geht mir ja nicht um den einen Knochen, den können die ruhig behalten. Aber jedenfalls haben die, also die zwei, mich mit aller Pressur anzuhalten versucht, auch mal was Naturwissenschaftliches aus den zwei meiner drei Hirnwindungen rauszupressen und das aufzuschreiben. Weiß der Teufel, woher die wissen, dass ich von den Wissenschaften, also von den Natürlichen, auch was weiß ...

Und?

Was habe ich gemacht?

Ich habe mich hingesetzt und habe überlegt und habe etwas über die Kräfte geschrieben, die den ganzen lieben langen Tag an uns herumzoppeln und so manch' Körperteil Richtung Fußboden beziehungsweise Richtung Erdmittelpunkt ziehen. Und wie sich das mit den zunehmenden Tagen, an denen wir auf dieser wunderbaren Erde verweilen, verhält. Also zu einer Diplomarbeit hat das Niedergeschriebene jetzt nicht gereicht, aber es hat schon aufgeklärt.

Und jetzt stellt euch mal vor, heute konnte ich meine Feldstudie zu diesem Thema fortführen!

Also, es war heute Morgen so gegen neune – weil, früher macht's nicht auf – im Straßenverkauf einer Großbäckerei. Wissen solltet Ihr, aber nur, wenn's euch interessiert, die habe ich mal gebaut, die Großbäckerei, aus lauter Betonfertigteilen.

Also, jedenfalls ich, gegen neune dort hingedappt, um – Auftrag meiner häuslichen Regierung – ein Krustenbrot zu holen.

Morgens um neune ist dort drinnen der Teufel los, die ganzen ausgehungerten Mädscher und Bube aus den umliegenden Firmen holen sich dort ihr Frühstück – oder so. Ich, so bin ich nun mal erzogen, habe mich in dieser endlos scheinenden Reihe von Menschen als Letzter angestellt und habe die, die vor mir in der Reihe standen, studiert. Mach ich sehr gerne! Was man dabei so alles entdeckt, würde, wenn man es aufschriebe, ganze Bibliotheken füllen!

So zwei, nein, es waren drei, Figuren vor mir stand eine junge Dame. Sie war, zumindest von hinten, hübsch anzusehen. Und als ich sie so von unten nach oben betrachtet habe, haben sich meine Äuglein an einer Stelle festgebrannt und mich fragen lassen: Ob diese junge Dame weiß, was sie mir da antut?

Es war die Stelle, die sich meinen Augen zwischen Oberkante Hüfthosenhosenbund und Unterkante irgendeines kurzen Teils, das man wahrscheinlich Top oder so nennt, zeigte. Vorausgeschickt sei bemerkt, dass ich die junge Dame auf höchstens fünfundzwanzig schätzte, als ich auch ihr Gesicht zu sehen bekam, und dass sie eher schlank war.

Und diese Stelle ließ mich sofort an meine naturwissenschaftliche Ausarbeitung über Gezoppeltes denken. Aus der Hose heraus kam ein »Ringsumwelger«, der mich wiederum an den Luftschlauch eines Motorrades erinnerte. Also, man muss nicht mit den vielleicht zu vielen Pfunden hadern, wenn man eigentlich gut aussieht, aber das Falsche – möglicherweise auch zu Kleine – an hat!

Also: Rubens hätte an einem solchen Anblick seine Freude gehabt und sofort zu Pinsel und Leinwand gegriffen.

Schmusigeschichten

Wir kennen sie alle noch. Oder nur den einen. Sie sind auch noch da, irgendwo. Vielleicht haben wir sie im Keller versteckt oder auf den Dachboden, in einer Kiste oder sogar im Schrank, damit es keiner sieht und uns für Kinder hält: unsere Kuscheltiere, unsere Schmusis …

Ja und?

Also Kuscheltiere, Kuscheltiere sind was ganz was Besonderes!

Was? Warum?

Kuscheltiere sind der Spiegel unserer Seele – unseres Ich's!

Hilft die Partnerin oder der Partner dir nicht mehr, inneren Seelenfrieden zu finden, dich wieder richtig zu stabilisieren nach einem Seelenschmerz? Dann hilft nur noch eines: dein Kuscheltier!

Menschen können dir Liebe geben, können dich trösten, können dich nach einer Niederlage wieder aufbauen. Aber ein Kuscheltier gibt dir dein Ich! Denn es versteht dich in jeder Faser deines Körpers und in jeder Zelle deiner Nerven – denn es ist du!

Aber was, wenn es selbst dem Tode nahe ist?

Dann stirbt ein Teil von dir!

Und da ein Teil von dir erst dann stirbt, wenn alles stirbt, stirbt ein Kuscheltier erst, wenn auch du stirbst.

Quatsch?

Nein kein Quatsch!

Ich weiß, wovon ich rede. Ich habe einen ganzen Stall voller Kuscheltiere und alle sind sie ein Teil von mir. So wie ein Finger ein Teil von mir ist oder mein Herz, meine Lungen, meine Augen – und so weiter und so fort – ist jedes Kuscheltier ein Teil von mir.

Und erst, wenn ich sterbe, dann sterben auch meine Kuscheltiere. Es sei denn, meine Frau lebt weiter, dann bin auch ich noch am Leben. Denn es sind auch ihre Kuscheltiere!

Sentimentaler Scheiß?

Na, dann versuch doch mal, ohne dein Herz zu leben!

Ein Kuscheltier kommt und es stiehlt sich sofort in dein Herz. Es fängt an zu leben! Es lebt mit dir, von dir und hat auch seine eigenen kleinen – manchmal auch größeren – Sorgen. Es lebt und du lebst mit ihm! Es hat seine eigene kleine Seele, die dich, wenn dich sonst niemand mehr versteht, versteht.

Es sind Bären, Hasen, Schafe, Igel, Affen oder auch so manch anderes Fabeltier. In Farbgebungen, die weit ab der Realität sind. Oder hat die Welt schon mal ein grünes Nilpferd gesehen? Sie waren aber für uns da und haben uns geschmust und beschützt, wenn wir es brauchten! Wir sind abends nicht ohne unseren Schmusi schlafen gegangen. Die Mutter hat uns den Schmusi in den Arm gelegt, wenn die Zähne kamen oder wenn wir aus unerklärlichen Gründen schrien. Oder wenn sie einfach nur ihre Ruhe haben wollte. Wenn uns irgendetwas nicht passte, haben wir ihn geschlagen, bestraft oder achtlos in die Ecke geworfen. Und wenn es uns wieder nach ihm war, musste er wieder herhalten, unser Schmusi.

Aber: Schmusis wollen Lohn dafür!

Nur einen Lohn: Schmus!

Mit den zunehmenden Lebensjahren brauchten wir unseren Schmusi immer weniger oder wir bildeten uns das ein. Weil: Wir wurden ja erwachsen. Andere Eindrücke überlagertern das Gespräch mit unseren Schmusis. Der Lebenspartner oder die unzähligen Liebeleien rückten in den Vordergrund. Sie wurden unwichtig, die Schmusis.

Aber: Ist es denn so verwerflich, gerade als Erwachsener einen oder mehrere Schmusis zu haben? Ihn zu drücken, wenn uns selbst unser Herz drückt? Mit ihm über unsere Sorgen zu reden? Das hilft in mancher Situation!

Gerade heute, in einer Welt, die nicht weiß, wo sie endet, brauchen wir den Schmusi wieder. Mit ihm können wir uns zurückziehen in eine Welt, in der alles in Ordnung zu sein scheint. Die wir brauchen, um neue Kraft zu schöpfen für die reale Welt. Die Welt, in die wir geboren wurden und in der wir leben, rückt hin zu falschen Idealen. Die Menschen vereinsamen unter dem Zusammenrücken der Völker mehr denn je. Unser Berufsleben war und ist von Schnelllebigkeit und Hektik geprägt.

Da tut es gut, jemanden zu haben, der es schafft, unsere Gedanken abschweifen zu lassen in den Rosengarten hinter dem Horizont. Da tut es gut neben der Familie auch noch jemanden zu haben, der einen auf alle Fälle versteht ...

Ich werde Geschichten erzählen, Schmusigeschichten. Geschichten von einer ganzen Schmusibande, die tagtäglich geben und natürlich auch nehmen ...

1.

Ich habe meinen ersten Schmusi gesucht und wieder gefunden. Er saß in einem Schrank, in einer auch für Schmusebären recht unbequemen Haltung. Dort saß er und schaute mich mit seinen schwarz-orangenen Augen vertrauensvoll an. Er streckte mir die Arme entgegen, als wollte er sagen: »Nimm mich doch auf den Arm und hab mich lieb, so wie damals. Ich verzeihe dir auch, dass ich es so viele Jahre so unbequem im Schrank hatte und du mich nicht eines Blickes gewürdigt hast.« Ich setzte ihn zu mir auf den Schreibtisch, lehnte ihn mit dem Rücken an die Wand und schaute ihn an. Mit ausgestreckten Beinen misst er etwa fünfzig Zentimeter in der Länge und hat ein strubbeliges Fell. Mir kam er früher viel größer vor. Die Ohrmuscheln sind ganz flauschig, aber sein Körper ist fest und nicht so schmusig.

Es war ganz still in meinem Zimmer. Auf einmal hörte ich, wie er zu mir sprach. Er ist ein intelligenter Schmusi, er spricht alle Sprachen dieser Welt. Er sprach zu mir wie ein Kumpel in meinem verkappten Dialekt, und er sprach zu mir ermahnend in feinstem, manchmal scharf facettiertem Hochdeutsch.

»Hallo Michel, es ist schön, dass du dich wieder an mich erinnert hast. Warum? Du brauchst mich doch für irgendetwas.«

»Ja, ich will über dich und die anderen Schmusis Geschichten schreiben.«

Er beugte sich vor und schaute auf meinen Bildschirm.

»Aha, das wird also eine Schmusi-Geschichte.«

»Hoffentlich schreibst du auch in die Geschichte, wie schlecht es mir all die Jahre im Schrank ging, und dass man dich dafür eigentlich bestrafen sollte.«

»Welche Strafe sollte es denn sein?«, fragte ich.
»Jahrelanger Schmus!«

11.

Es war einmal, vor vielen Jahren.
Es war Frühsommer in den Bergen und gelbe, rote und weiße Blumen färbten die grünen Hänge in ein atemberaubendes Landschaftsbild. Es wurde, wie das damals üblich war, Urlaub bei der Oma, nahe des Allgäu, gemacht.

Ein kleines Mädchen, so um die vier Jahre alt, sollte mit seinen Eltern und dem älteren Bruder einen Ausflug auf das Zugspitzplatt unternehmen. Den Weg zur Zugspitzbahn legte man gemäß der Zeit mit einer Schmalspureisenbahn zurück. Die Landschaft glich der einer Modelleisenbahn.

Die kleine schwarze Lok zog ihre grünen Wagen keuchend und schnaufend von Bad Tölz nach Garmisch-Partenkirchen durch die Gegend. In einem der Wagen saßen das kleine Mädchen, ihr Bruder und die Eltern. Das kleine Mädchen saß artig in seinem gelbweißen Kleid mit Sandalen und weißen Söckchen an den Füßen auf der Holzbank des Wagens und versuchte, zum Fenster hinauszuschauen, um von der vorbeihuschenden Landschaft etwas zu sehen. Die halblangen, braunen Haare wusselten ihm, bis auf eine Tolle in der Mitte, lockig um den Kopf. Es saß da und wusste nichts mit sich anzufangen. Seine Händchen waren leer – noch.

Der Bruder, der neben ihr saß, drehte sich zu seiner Schwester um und fing an, sie zu ärgern. Er erzählte ihr von der Ankunft an dem großen Berg und von einer Bahn, die sie durch die Lüfte bis hinauf zum Gipfel bringt. Die Bahn sei aufgehängt an Seilen und diese Seile würden von großen Stützen getragen. Und immer, wenn die Bahn über eine Stütze führe, fielen die Passagiere wild durcheinander und stießen mit ihren Köpfen gegeneinander.

Das kleine Mädchen fürchtete sich und begann zu weinen – genau das wollte der Bruder erreichen. Er konnte und wollte nicht aufhören. Je mehr sich seine Schwester fürchtete und weinte, desto mehr Spaß machte es ihm. Der Papa versuchte, die Tochter zu trösten, aber es gelang ihm nicht. Schimpfend und ermahnend redete er auf seinen Buben ein. Es half alles nichts. Das kleine Mädchen steigerte sich in ihre Angst so sehr hinein, dass es sich übergeben musste.

Am Ende der Bahnstrecke angekommen, stiegen sie alle aus und wollten zur Gletscherbahn laufen. Das Mädchen aber verkrampfte sich weinend und ging keinen Meter weiter. Die Mama nahm es auf den Arm und lief mit ihm an ein paar Einkaufsläden, die rechts und links vor dem Eingang der Gletscherbahn waren, vorbei und huschelte es, um es zu beruhigen.

Den Daumen im Mund, schaute sich das Mädchen die Auslagen an, bis es plötzlich auf eine kleine Handpuppe, einen Tiger, aufmerksam wurde. Sie nahm den Daumen aus dem Mund und zeigte mit dem Zeigefinger auf das Tier. Die Mama fragte, ob es das Tier haben wolle.

Das kleine Mädchen fing an zu lächeln und nickte mehrmals mit dem Kopf. Na gut, dachte die Mama, vielleicht beruhigt die Handpuppe das Kind ja. Und ging mit ihr in den Laden.

Das Mädchen schaute sich alle Tiere, die es da gab, mit großen Augen an, aber sie steuerte geradewegs auf die Tigerhandpuppe zu und nahm sie aus dem Korb, in dem sie mit anderen Schmusis lag.

Es begann sofort eine innige Beziehung zwischen dem Schmusi und dem kleinen Mädchen. Auf einem Schild stand sein Name: Bimbo. Das Mädchen herzte den Bimbo, noch während die Mutter bezahlte, so sehr, dass alles Fürchten vor der Bergbahn vergessen war. Und die Angst und Verzweiflung säenden Worte des Bruders waren ebenfalls vergessen.

Der Zug war eigentlich noch viel schlimmer, als der Bruder ihn ausgemalt hatte. Er stand auf den Gleisen und war bergwegs gerichtet. Nach dem Anfahren verschwand er in einem schwarzen Loch. Das machte dem kleinen Mädchen aber alles nichts mehr aus. Es setzte sich auf eine Bank und begann, mit dem Bimbo zu spielen und zu erzählen.

Bimbo nahm die Kleine mit in seine Welt, in die Welt der Schmusis. So vergaß das Mädchen alles um sich herum und auch die Angst, die ihm der Bruder gemacht hatte. Das Mädchen war so sehr in Bimbos Welt gefangen, dass es sogar anfing, die anderen Mitreisenden zu unterhalten.

Nach dem Urlaub wieder zu Hause angekommen, kam der Bimbo sofort ins Bett, wo er jede Nacht über Inge – denn so hieß das Mädchen – wachte. Sie begann damit, vor jedem Schlafen ihre Tagessorgen, Ängste und Nöte mit Bimbo in die Welt der Schmusis zu tragen. Sie wurden dort nicht immer gelöst, aber so gemildert, dass sie beruhigt und zufrieden einschlafen konnte. Mit Bimbo war sie stark, sie besprach mit ihm im Laufe ihres Lebens so manch knifflige Angelegenheit. Überallhin nahm Inge Bimbo mit – auch als sie älter und verständiger wurde.

Inge wuchs, auch oder gerade wegen Bimbos Pflege, zu einer schönen jungen Frau heran. Wenn sie nachts im Bett lag, streichelte sie, sie nannte es »muzen«, sich mit Bimbos Pfote und starrte in das Dunkel des Raumes, bis sie einschlief.

Sie nahm die Pfote und streichelte sich ihr Gesicht, von der Nasenwurzel über die Stirn und zum Schluss – oder auch nur – über die Wangen. Sie muzte sich auch gerne die Arme, und zwar die Innenseite des Unterarmes. Das kann sie unendlich lange aushalten. Sie müsste eigentlich schon Löcher vom Muzen in den Armen haben und völlig abgeschmust sein ... Aber abgeschmust wurden eigentlich nur die Schmusis ...

III.

Als ich dann der Freund und später der Mann des kleinen Mädchens wurde, habe ich mich in die Welt der Schmusis entführen lassen und bin auch sehr froh darum. Ich bin ein anderer Schmusityp als das kleine Mädchen von damals und die Frau von heute. Ich nehme einen Schmusi gerne in den Arm, an die Brust und herze ihn, das tut mir in der Seele gut. Ich habe für mich erkannt, dass das Schmusen von Schmusis und sich entführen lassen in diese Schmusiwelt einem Gebet gleichkommt.

Nicht alle, aber viele Dispute in unserer Ehe haben wir über oder mit unseren Schmusis ausgetragen, was sich bis heute, in fast fünfunddreißig Jahren, als eine sehr sinnvolle Methode erwiesen hat.

Es gibt sehr viele verschiedene Schmusistufen: neue Schmusis, angeschmuste Schmusis, abgeschmuste Schmusis, ganz abgeschmuste Schmusis. Ist ein Schmusi vom Aussehen nicht mehr so attraktiv und abgeschmust, dann darf es in das Kleidiland der Schmusis und sich einen neuen Kittel aussuchen.

Was sehe ich da?

Stirnrunzeln?

Was?

Das Kleidiland kennen Sie nicht?

Dann erzähle ich Ihnen jetzt, wie ich Bimbos Leben erneuerte und damit das Herz des kleinen, groß gewordenen Mädchens erobern konnte.

Und was das Kleidiland ist!

IV.

Der besondere Schmusereiz beim Bimbo lag darin, dass er, als er neu war, ein ganz kurz geschorenes Fellchen hatte und somit etwas rau, aber trotzdem ganz schmusig schmuste. Und dieses Fellchen ist im angeschmusten Schmusizustand nicht mehr rau, sondern eben noch schmusiger. Man könnte auch »weicher« dazu sagen. Und glaub mir, alle Schmusis, egal, in welchem Schmusezustand sie gerade sind, antworten, wenn du sie fragst, in welchem Schmusezustand sie sich gerade befinden, dass sie höchstens gerade mal angeschmust sind. Das soll heißen, dass sie noch sehr viel Schmus brauchen, bis sie abgeschmust wirken oder gar sind.

Und dadurch, dass der Bimbo fleißig geschmust wurde, und auch so manche Träne von dem Mädchen, das mal meine häusliche Regierung, also meine Frau, werden sollte (dies aber noch gar nicht wusste), aufgeschmust hatte, sah er mit den Jahren zwangsläufig auch abgeschmuster aus. Abgeschmust heißt nichts anderes, als dass ein Schmusi ein paar blanke Stellen im Fell bekommt. Aber noch keine entscheidende seiner Schmusiqualitäten verloren hat.

Ich glaube, dieses Mädchen war in einem heraufziehenden Frauenalter, als der Bimbo schon einen ganz abgeschmusten Kittel am Leib hatte. Und als ganz abgeschmuster Schmusi hat man alle feinen und weniger feinen Härchen verloren. Aber wichtige Schmusimerkmale wie Augen, Mund und Nase sind noch vorhanden, da schon mehrmals nachgearbeitet.

So habe ich sie beide treffen dürfen. Er ganz abgeschmust und sie ein Bild von einer jungen Frau. Nicht nur mein Herz hat vor Aufregung gegluckst, sondern auch der Rest an und in mir waren dazu bereit, den Deal einzugehen, dass, wenn ich sie bekommen wollte, dies nur mit ihrem Schmusi geht. Fortan war der Bimbo nun auch mein Weggefährte.

Wenn ich mich recht erinnere – und mir zwei meiner drei Hirnwindungen keinen Streich spielen – dann muss das so vor ungefähr ... ach ich weiß es doch nicht mehr so genau –, dreißig Jahren gewesen sein, als eines Abends eben diese junge Frau neben mir lag und, wie sie es meist tat, mit ihrem Bimbo schmuste und plötzlich ganz traurig feststellte, dass eben dieser Bimbo schon ganz abgeschmust aussähe und er bestimmt nicht mehr lange zu leben hätte.

Das folgende aber weiß ich jetzt noch ganz genau: Ich habe mich zu ihr umgedreht und ihr gesagt: »Schmusis sterben nicht!« Ungläubig schaute sie mir tief in die Augen und fragte: »Wie soll denn das gehen? Und wenn er auseinander fällt?«

Genau zu diesem Zeitpunkt, als ich in ihre glasigen Augen schaute, habe ich gespürt, was ihr der Schmusi bedeutet!

Sie war auch er und er war auch sie!

Ich wollte sie beide nicht verlieren und war froh darum, dass mich der Chef an einem der nächsten Tage an einem Geschäft vorbeilaufen ließ, in dem eine genau gleiche Tiger-Handpuppe auf einem Ständer darauf wartete, von mir mitgenommen zu werden. Ich bin rein in das Geschäft, habe achtundzwanzig Mark auf den Tisch gelegt und ließ mir den Schmusi einpacken. Im Auto, als ich zu meinem Mädchen fuhr, redete nur eines: mein Herz!

Ich glaube, mein 1300er Käfer lief noch nie so schnell wie an diesem Tag! Ratzfatz war ich bei der Frau meiner Sehnsüchte, nahm sie lieb in dem Arm und wir holten gemeinsam den Bimbo mit seinem total abgeschmusten Kleid. Ich habe den Bimbo vor mir auf meinen Schoß gelegt und habe den neuen Kittel ausgepackt und dann darüber gelegt. Dann streichelte ich das neue Kleid und sagte zu meinem Mädchen: »Jetzt geht die Seele vom Bimbo in seinen neuen Kittel über, und so lebt er dann weiter!«

Seitdem bin ich der absolute Renner! Nicht nur bei dem Mädchen, sondern auch bei allen unseren Schmusis. Denn sie brauchen sich um ihren Tod keine Sorgen zu machen. Wenn sie total abgeschmust sind oder auch mal einen größeren Kittel brauchen oder haben wollen – der Schmusipapa macht das.

V.

Bimbo war der Ur-Schmusi einer ganzen Schmusibande, die alle ihr eigenes Leben haben. Nach Bimbo kam ein Teddymädchen, die Teddeline. Im Laufe der Zeit kamen dreißig weitere Schmusis dazu. Da sind der Lupsi, auch eine Handpuppe, mit dem Aussehen eines kleinen Wolfes, der Lausi, eine Hasenhandpuppe, das Lausimädchen, der Mecki, ein Igel, mit dem Meckimädchen, ein Eselmädchen, eine Katze namens Sulla, der Spickler, ein Teddyjunge, der

Felix, die Karoline, die Josephine und der Victor, die Gorillababys, und noch viele andere Tiere, die größtenteils im Bett ihr Zuhause haben, aber alle ihren Schmus bekommen. Es ist manchmal ein richtiges Schlangestehen darum, wer denn mit dem Schmus dran ist.

Fahren wir in den Urlaub, will jeder mit, was allerdings nicht geht. Tagelang, im Vorfeld einer Urlaubsreise, präsentiert sich jeder Schmusi als der Schmusi, der unbedingt mit in den Urlaub muss, ja *muss*, weil er *der* Schmusi ist.

Die Bedürfnisse der Schmusis werden tagsüber von einer Heerschar von Feen befriedigt, die am Monatsende ihre Leistungen abrechnen. Da gibt es für jedes einzelne Bedürfnis eine andere Fee. Eine Waschfee, eine Habberfee (eine Fee, die für das Essen sorgt), eine Lernfee usw. Und hat sich eines der Schmusis verletzt, gibt es auch eine Krankfee. Haben sie mehr Schmutz an sich als den normalen Tagesschmutz, der von der Waschfee nicht mehr beseitigt werden kann, werden sie in der Waschmaschine gewaschen und hinterher im Wäschetrockner getrocknet. Meistens ist es ihnen vom Karussellfahren, wie sie es nennen, hinterher so schlecht, dass sie sich fast übergeben müssen.

VI.

Es war wieder soweit, ein Sonderwaschprogramm stand an: Cleo (ein Schutzengelmädchen), ihr Freund Andy (auch ein Schutzengel), Brigitte (ein zotteliges Hundegirl mit einem Knochen in der Pfote) und Cassy (ein Katzenmädchen) mussten zum Sonderwaschtag rauf in die Wohnung.

Nach einem Ausflug mit Inge, meiner häuslichen Regierung, nahm ich Brigitte und Cleo schon mit aus dem Auto meiner Frau, wo sie immer ihren Platz haben. In der Wohnung durften sie auf einem Sessel Platz nehmen. Brigitte, die noch nie in der Wohnung von Papa und Mama war, schaute sich ganz genau um und war entzückt.

»Hier war ich ja noch nie«, juchzte sie. »Ich habe schon viel von der Mama-und-Papa-Wohnung gehört, aber dort war ich noch nie! – Wo sind denn die anderen Schmusikinder?«

»Im Bettchen von Mama und Papa«, rief Cleo. »Aber da darfst du nicht hin, das ist nur was für besondere Schmusis. Und du bist ein Autoschmusi und nur ein Autoschmusi!« Brigitte drückte ein kleines Tränchen aus ihren Augen: »Du bist doch auch nur ein Autoschmusi.«

»Ja, aber ich bin ein Schutzengel und ich kann sowieso überall hin.«

»Cleo, sei doch nicht so hässlich zu Brigitte«, ermahnte ich den Autoschutzengel. »Du weißt, das sieht alles der Chef und dann bekommst du bloß wieder einen Eintrag in dein schwarzes Buch ... Und das willst du doch nicht?«

»Nein, Papa – nicht ... nicht dem Chef verraten ... Ich bin auch ganz lieb!«

Am nächsten Morgen, nachdem ich die Frühstücksbrötchen geholt hatte, holte ich aus meinem Auto noch Andy und Cassy in die Wohnung. Inge brachte alle vier Schmusis zur Waschmaschine, öffnete die Frontluke und steckte sie hinein. Cleo schaute noch einmal mit herzzerreißendem Blick aus der Waschtrommel heraus – und schon ging es los mit der Wascherei.

Als das Wasser langsam in die Trommel lief, bekamen sie alle nasse Füße und einen nassen Bauch. Mit einem Ruck drehte die Waschtrommel an und sie waren durch und durch nass. Da half es auch nicht, den Kopf aus dem Wasser zu recken. So fuhren sie Waschkarussell und wurden hinterher im Trockenprogramm getrocknet.

Nach dem Ende der Wascherei und Trocknerei öffnete ich die Waschmaschine – und das Geschrei war groß. Andy hatte beim Waschen seine Flügel verloren und er schrie wie am Spieß. Die Tränen spritzten rechts und links aus seinen Augen und er war ganz aufgeregt.

Für einen Schutzengel ist das Verlieren seiner Flügel etwas ganz Schlimmes. Wenn ein Schutzengel seine Flügel verliert und der Chef davon Wind bekommt, dann muss der Schutzengel auf der Erde bleiben und bekommt keine neuen Flügel mehr.

Ich holte Andy, der am ganzen Leib zitterte, aus der Waschmaschine und schaute selbst noch einmal in das Gerät: »Da sind sie ja, deine Flügel!«

In meine Hand gekuschelt fragte Andy, sichtlich erleichtert: »Kann man das wieder reparieren, bevor es der Chef merkt?«

»Ja, bestimmt«, beruhigte ich ihn.

VII.

Die Schmusiwelt ist eine irreale, aber eine schöne Welt. In sie einzutauchen setzt Phantasien frei und hilft, mit Menschen menschlicher umzugehen. Und unsere ganz spezielle Schmusibande genießt in ihrer Welt durchaus einen gewissen Ruhm …

Das glauben Sie nicht?

Na, dann erzähle ich hier mal zum Schluss die Geschichte von der grünen Ninda ...

VIII.

Ich weiß nicht, wann es genau passierte und wie es genau passierte. Aber immer wenn wir, also mein Peter und ich ...

Was?
Wer Peter ist?
Na, meine häusliche Regierung!
Was?
Wer meine häusliche Regierung ist?
Na, mein Mädi, meine Frau!

... einem Schmusi begegnen, können wir die hören. Wir verstehen deren Unterhaltungen untereinander und sie verstehen uns. Und sie haben bei uns, also, wenn sie bei uns sind, auch Leben und können sich frei bewegen.

Was?
(Über die Schulter nach hinten, Ihnen ins Gesicht schau.)
Bekloppt?
Ja, vielleicht!

Egal, jedenfalls ist das so mit den Schmusis, dass wir die verstehen und sie uns verstehen und sie Leben haben!

Und wenn Sie die nicht hören und verstehen, dann fehlt Ihnen was! Dann sind Sie vom Chef nicht auserwählt, mit dem Herzen hören zu können!

An einem Samstag ging ich mit meinem Peter ins Städtchen. Und als wir, Kilometer um Kilometer von einem Schaufenster zum anderen Schaufenster – Schuhe und Kleidung verschiedenster Arten, Formen und Farben betrachtend – über den Bürgersteig hatschten (und natürlich auch immer wieder mal stehen blieben, um die Auslagen genauer anzusehen), sagte ich zu meiner Frau: »Du, wir brauchen für unsere Nichte Franziska noch ein Geburtstagsgeschenk!«

»Ja, lass uns nachher im Kaufhaus in der Schmusiabteilung nach etwas Passendem schauen«, antwortete sie.

»Ansonsten gibt es noch ein Kleidchen, das ich aber schon gekauft habe«, meinte sie noch ergänzend.

»Schau mal, die schönen Schuhe – die haben doch was – die dort auf dem Sockelchen stehen.«

Ich trat etwas näher – den Fußschmerz von Tonnen von Beton und Asphalt, über die ich bereits gelaufen war, ignorierend, aber deutlich spürend – an das Schaufenster heran und beugte mich leicht nach unten – so, als wolle ich mich im Motorraum eines Porsche verkriechen, um mir vom begeisterten Verkäufer die Wirkungsweise eines Doppelturboladers erklären zu lassen – und beäugte ein Paar wirklich ausgesprochen schöner Schuhe von Ferragamo. Wenn meine Frau ein Paar schöne Schuhe sieht, geht es ihr ähnlich wie mir, wenn ich Frauen oder Autos sehe, die mich interessieren – sie werden genauestens betrachtet und jedes noch so kleine, schöne Detail fällt angenehm auf und wird registriert. Nur schade, dass in unserem Zuhause nicht so viel Platz ist, um die Menge an Autos und Frauen unterzubringen, die mir gefallen. Aber für ein Paar Schuhe mehr ist immer Platz. Wenn nicht, wird er geschaffen!

So haben wir uns dann über die vielen Geschäfte von verschiedenen Schuh- und Bekleidungsanbietern Meter um Meter in schlenderndem Schritt in Richtung des Kaufhauses, in dem es eine große Schmusiabteilung gibt, vorgearbeitet. Zwischendurch haben wir noch an ein paar nützlichen Geschäften Halt gemacht, sind reingegangen und haben Verschiedenes für das Abendessen mitgenommen.

Die Kaufhausrolltreppen emporfahrend erklommen wir Stockwerk um Stockwerk, bis wir im vierten Stock von Hunderten von Schmusis empfangen wurden: von Schäfchen – also nutzlosen Tieren –, Meckis (Igel), Tigern, Affen, Lausis (Hasen), Nindas (Nilpferden), Nasenbohrern (Krokodilen), Katzen, Möp-Möps (Elchen), Hörnchen (Nashörnern) und noch einer ganzen Menge anderer Schmusis. Und alle schrien sie: »Mitnehmen!«

So passiert das übrigens jedes Mal, wenn wir einen Schmusi sehen, der noch kein Zuhause hat. Weil wir sie aber nicht alle mitnehmen können, kam unser Heini (kleiner Schimpansenaffe) schon vor Jahren auf die Idee, ein Unternehmen zu gründen, mit dem er alle heimatlosen Schmusis auf der ganzen Welt umsorgt und ihnen das Warten auf ein Zuhause so angenehm wie möglich macht. Er ist mit seinem Unternehmen für alles zuständig: dass die Schmusis Habber (Essen) bekommen, dass sie gebürstet und gewaschen und gewischelt werden, dass sie auch mal übers Köpfel gestreichelt bekommen, wenn's Herzel drückt und so weiter. Das Unternehmen ist straff organisiert und wird von unserem Mausi (Manuela) finanztechnisch verwaltet. Auch gibt es eine Mausihilfsorganisation – aber das ist wieder eine andere Geschichte.

Nach einigem Suchen und viele Schmusis Streicheln haben wir uns dann für eine große grüne Ninda entschieden. Die war so groß, dass unsere Nichte von der Größe her genau dazu passen würde.

»Wo bringt ihr mich hin?«, fragte uns das Nilpferd, als wir zum Bezahlen anstanden.

»Erstmal zu uns nach Hause und dann bekommst du bei einem kleinen Mädchen ein neues Zuhause«, klärte ich das schmusigweiche Tier auf und klemmte es mir unter den Arm. Dabei war der Bauch des Schmusis so mächtig, dass ich schon fast Probleme damit hatte, es richtig zu umfassen.

Die Kassiererin hatte keine geeignete Tüte für das Monstertier gefunden. So schlug sie es in Einwickelpapier ein. Ich bat sie aber beim Einpacken, darauf zu achten, dass die Ninda genügend Luft bekäme.

»Der spinnt, der Alte«, zog es vermutlich durch ihren Kopf, als sie mir einpackenderweise fragend ins Gesicht sah.

Meine Frau im Schlepptau und das große Tier im Arm kämpften wir uns aus dem Kaufhaus heraus und gingen Richtung Auto. Gott sei Dank war mein Auto so groß, dass es für uns drei genügend Platz bot. Die Ninda verstaute ich auf der hinteren Sitzbank und riss dabei das Papier soweit auf, dass sie alles gut sehen konnte.

Unterwegs fragte sie: »Ist das auch das Zuhause von Heini und von Mausi, die ich beide kenne und die sich um alle heimatlosen Schmusis kümmern?«

»Ja, unser Zuhause ist auch das Zuhause von Heini und von Manuela«, antwortete ich, während ich das entwertete Parkticket in den Schlitz des Automaten schob und darauf wartete, dass die Schranke vor der mächtigen Schnauze meines Wagens den Weg aus dem Parkhaus freigab.

»Au fein, darauf freue ich mich sehr!«

Ihre großen schwarzen Augen strahlten aus dem aufgerissenen Einwickelpapier heraus.

»Aber du darfst nur solange bei uns bleiben, bis das kleine Mädchen, bei dem du dein Zuhause haben wirst, Geburtstag hat«, merkte Peter an.

Die Ninda drehte ihren Kopf in Richtung meiner Frau und fragte: »Dann wirst nicht du meine Mama sein?«

»Nein, ich bin nicht deine Mama, ich bin nur die Bringmama, die dich zu Franziska bringt, die dann deine richtige Mama sein wird.«

»Und habe ich dort auch einen Papa?«, wollte das Nilpferd noch schnell wissen.

»Nein, nur eine Mama«, klärte ich sie auf.

»Dann, dann will ich nicht dorthin, zu dem Mädchen, dann will ich bei euch bleiben. Außerdem habe ich gehört, wie schön es Schmusis bei euch haben. Und alle Schmusis der Welt wollen zu euch!«

»Ninda, das geht aber nicht. Erstens haben wir nicht für alle Schmusis Platz und zweitens musst du schon zu Franziska gehen, denn die will dich auch schmusen«, versuchte meine Frau die Kleine aufzuklären.

»Ich will aber bei Euch bleiben!«

Zu Hause wickelte ich sie restlos aus dem Papier und setzte sie in den Sessel gegenüber des Wohnzimmertisches. Kaum hatte ich sie dorthin gesetzt, kamen auch schon die ersten Schmusineugiernasen aus dem Schlafzimmer angelaufen und wollten den neuen Schmusi begrüßen. Allen voran Felix, ein Gorillabube, gefolgt von seinem Mädchen, von der Karoline, und von ein paar anderen Schmusis.

Felix sprang auf den Sessel und klärte die neu angekommene Ninda darüber auf, was sie darf und was sie nur ein bisschen darf und was sie überhaupt nicht darf.

»Vor allem darfst du uns keinen Schmus von Mama und Papa wegnehmen«, meinte er mit erhobenem Zeigefinger.

Eingeschüchtert und mit Tränen im Auge sagte sie zu Felix: »Ich will euch doch gar keinen Schmus wegnehmen. Aber ich will doch auch nur geschmust werden.«

Den Schmus wirst du dir dann in deinem richtigen Zuhause abholen müssen!«, meinte Viktor, auch ein Gorillajunge, aber etwas kleiner als Felix.

»Hier gibt es nur vorübergehenden Schmus für Dich«, fügte er noch hinzu.

Peter hob die kleine Ninda hoch, ging mit ihr auf die Couch und versuchte, sie ein wenig zu trösten.

»Und ihr, ihr seid nicht so hässlich und verschwindet wieder ins Bett«, wies sie die anderen an.

»Felix nicht hässlich – nicht!«, motzte der größere der beiden Gorillabuben.

»Mama, warum sind die denn so böse zu mir?, wollte der kleine Schmusineuling wissen.

»Ach, die sind nicht wirklich böse«, klärte meine Frau sie auf, drückte sie ganz lieb an sich und muzte sich dabei an ihren Ohrspitzis die Handflächen.

In den Tagen darauf spielte die ganze Schmusibande mit dem nur zu Besuch da seienden großen Nindaschmusi. Sie aßen auch zusammen und alles war soweit in Ordnung. Nur abends, beim Zubettgehen, gab es immer ein paar Tränchen, weil der große Schmusi nicht so wie die anderen mit ins Bett durfte. Und sie wusste auch, dass sie nur vorrübergehend dableiben durfte. Allabendlich erzählte sie uns, wie schön das doch bei uns sei und welche Vorzüge es für alle hätte, wenn sie doch dableiben dürfte.

»Nein, Kleines, am kommenden Samstag hat die Franzi Geburtstag und dann wirst du von uns zu ihr gebracht«, erklärten wir immer wieder aufs Neue, wenn sie nicht locker ließ, weil sie hoffte, vielleicht doch da bleiben zu dürfen.

»Aber ich habe euch doch sooooooo arg lieb!«, beteuerte sie dann. »Und ich will gar nicht zu dem kleinen Mädchen gehen«, schob sie herzerweichend hinterher.

Der Samstag kam. Heini kümmerte sich mit seiner Putz- und Wischelkolonne noch einmal um die Ninda und polierte sie so richtig auf, damit keine Schmusspuren zu sehen waren und sie auch keine verheulten Augen mehr hatte. Plötzlich, mitten beim Wischeln, sprang sie vom Sessel, rannte durch die ganze Wohnung und suchte nach einem geeigneten Versteck, damit sie vielleicht doch nicht weggebracht werden würde. Aber sie fand nichts Passendes, sie war einfach zu groß.

»Ich will dableiben dürfen, ich will dableiben dürfen, ich will dableiben dürfen!«, bekamen wir während der ganzen Fahrt zu unserer Nichte zu hören.

»Dass das jedes Mal dasselbe Elend ist, wenn wir einen Schmusi für andere holen und ihn dann wegbringen«, sagte ich zu Peter.

Franziska war ganz aufgeregt und spickte hinter ihrer Mutter hervor, was Tante und Onkel diesmal mitbringen würden. Als sie das große Nilpferd sah, kam sie auf uns zugeschossen und herzte den Schmusi und ließ ihn den ganzen Tag nicht mehr los. Am Abend durfte Lisa – so heißt die Ninda jetzt – sogar mit in das Bettchen von Franziska krabbeln.

Fazit

Nun bin ich knapp über fünfunddreißig – also ganz knapp – exakt fünfundfünfzig.

Man sollte meinen, das Leben hatte und hat für mich so vieles parat, dass ich der Schmusis nicht bedarf.

Weit gefehlt!

Ich brauche sie!

Auch wenn Sie – ja Sie, die Leserin und Sie, der Leser – meinen, ich wäre doch aus dem Alter, in dem man noch einen Schmusi braucht, heraus.

Ich sage Ihnen: Ich brauche sie.

Ich brauche sie wie das tägliche Brot oder das Wasser – es kann auch Wein sein – zum Leben. Also – auch wenn ich es nicht gerne zugebe –, auf Frauen oder auf edle Gefährte, mit denen ich mich zuweilen auch gerne umgebe, könnte ich ja gerade noch verzichten, wenn ich es denn müsste.

Aber nicht auf meine Schmusis!

Ihre weichen, warmen Bäuche, ihren „Hab-mich-doch-lieb"- Blick.

Warmduscher? Weichei? Sentimentaler Depp?

Nein, nicht ich!

Aber ich habe mir etwas bewahrt: Kind zu sein.

Wer sagt denn, nur weil man erwachsen ist, dürfe man keine Schmusis mehr haben?

Ich kenne viele Menschen, die genau so fühlen wie ich.

Und die Dunkelziffer liegt noch weit höher, als man denkt.

Aber wer hat schon die Traute, zu ihnen zu stehen ... zuzugeben, dass es ohne sie nicht geht?

Viel zu wenige!

Ich schon!

Sex aus dem Karton

Hier sitz ich nun und richte den Blick durch die große Scheibe nach draußen. Etwas in mich zusammengesunken – und ein Bein über das andere Bein gelegt – stiere ich so vor mich hin. Meine Mundwinkel hängen eher nach unten, als dass sie ein freundlich-strahlendes Gesicht präsentieren. Das liegt aber nicht daran, dass sich vielleicht in mein Hirn schlechte Laune eingeschlichen hat – nein, ich bin am Sinnieren. Und immer wenn ich am Sinnieren bin, lege ich meine Stirn in Falten, lasse die Mundwinkel hängen und sitze etwas zusammengesunken da, spiele möglicherweise noch mit einem Kugelschreiber oder meinem Feuerzeug und versuche, aus zwei meiner drei Hirnwindungen etwas Brauchbares herauszuquetschen. Es will mir aber heute (verdammt noch mal ...) nichts Passendes einfallen. Auch nichts, was ich mal eben spontan tun und womit ich meine Seele befriedigen könnte. Also stehe ich auf und hole mir einen frischen Kaffee.

Du könntest, denke ich – verwerfe aber den Gedanken gleich wieder – ein bisschen ins Städtchen fahren und dich an dem erfreuen, was das endlich heraufziehende Frühjahr so alles mit sich bringt: Farbe, fließende weiche Stoffe, heiter werdende Menschen und, und, und...

Ich stelle mich ans Fenster. Die gefüllte Kaffeetasse in der einen Hand, vergrabe ich die andere in meiner linken Hosentasche und spiele mit meinem Autoschlüssel.

»Mein Auto könnte auch mal wieder eine Reinigung vertragen«, denke ich, wie ich es dort draußen so in der Sonne stehen sehe. Also stelle ich die noch halb gefüllte Kaffeetasse auf meinen Schreibtisch und beginne, mich stadtfein zu machen.

Stadtfein machen?

Blödsinn!

Ich bin immer stadtfein!

Ich schürze meine Manschetten wieder in die richtige Richtung und sichere sie durch Manschettenknöpfe, die ich aus einer meiner Schreibtischschubladen fische, weil ich die am Morgen dort abgelegt hatte. Hemdkragenknopf zu und die Lanvin-Krawatte in die richtige Richtung gerückt. Abgelegte Armbanduhr wieder umgebunden und das helle Jackett gegriffen. Kurz darauf stehe ich vor meinem Auto und nestle in meiner Hosentasche nach dem Autoschlüssel. Mich freuend auf das, was mir begegnen wird, fahre ich in Richtung Stadt.

Das Auto in der Tiefgarage der Alten Oper sicher wissend, schlendere ich in die Richtung jener Straße, welche die Alte Oper mit dem Vorplatz der Hauptwache verbindet.

»Hier hat sich aber eine Menge verändert seit deinem letzten Besuch«, denke ich und betrachte mir die Auslagen der Geschäfte. Als ich vor der Hermes-Boutique stehe und mir die farbenfrohen Karrees betrachte, mache ich im äußersten Blickwinkel meines rechten Auges etwas aus, das sich auch in der Schaufensterscheibe widerspiegelt: eine Frau!

Nun, Frauen gibt es in dieser Stadt viele. Aber diese signalisiert meinen Augen: einen zweiten Blick, bitte! Immer noch vor dem Laden stehend, drehe ich mich in ihre Richtung, verschränke meine Arme und schaue mir an, was ich in etwa fünf Meter Entfernung vor mir sehe: einen apfelgrünen Rock. Eine apfelgrüne Kostümjacke. Eine Kellybag in farblich passendem Leder (deren Lasche vermutlich aber aus Straußenleder besteht). Zwei kerzengerade, schlanke Beine, deren Füße, vermutlich Größe 38, in gleichfalls farblich passenden High Heels ruhen. Und da sie gerade auch vor einem Schaufenster steht, kann ich sie nicht nur von hinten, sondern auch vom Profil her gut sehen. Kurz geschnittenes, lockiges, rotbraunes Haar, in dem sich eine Brille halb versteckt zeigt. Ein freundliches, ja schon strahlendes Gesicht ist scheinbar an dem interessiert, was es in der Schaufensterauslage des Schuhgeschäftes, vor dem diese junge Dame steht, gibt.

Vermutlich ein Paar »Jimmy Choo«! Die Schuhe sehen aus wie Lackschuhe. Die Farbe würde man heute vermutlich als »bio-pink« bezeichnen. Aber sonst ein traumhafter Schuh, wie ich auf die kurze Entfernung hin sehen kann, mit einem hohen Absatz. Jimmy Choo produziert so gut wie keine flachen Schuhe (weiß ich aus »Sex and the City«!).

Ich folge der Dame, die ich auf Anfang fünfzig schätze, in den Laden und lenke mein Interesse auf die Herrenschuhe. Einen »Lorenzo Banfi« in der Hand kann ich sehen, wie sich die Dame setzt und sich von einer Verkäuferin verschiedene Schuhmodelle, die sie vermutlich bereits aus dem Schaufenster kennt, zur Anprobe bringen lässt

Nach einer Weile bekommt die Frau, die auch eine kurze Süßwasserperlenkette, geflochten aus verschiedenen Strängen, um ihren recht langen Hals trägt, ein ganzes Arsenal an Schuhkartons gebracht.

Aus einem Karton, auf welchem »Ferragamo« steht, holt die Verkäuferin, die sich mittlerweile vor die Dame gesetzt hat, ein Paar Plateausandaletten in silberfarbenen Leder, zehenfrei und mit Knöchelriemchen, heraus. Die Dame nimmt den schönen Schuh in ihre Hände und sofort überzieht sich ihr Gesicht mit einem noch weitaus strahlenderen Lächeln als zuvor.

Aus einem anderen Karton, den die Kundin sich öffnen lässt, kommen ein Paar pinkfarbener Slingbacks mit Schleife zum Vorschein. Und wieder strahlt sie verzückt, ja, fast ekstatisch.

»Schuhe scheinen für Frauen ›Sex aus dem Karton‹ zu sein«, denke ich. »Zumindest sehen sie so gespannt und erwartungsvoll aus, bevor sie den Karton öffnen ...«

Ich betrachte mir das Spiel noch eine ganze Weile, bevor ich mich wieder auf den Weg mache. Und denke dabei: »Der Frühling ist da und der Sommer kann kommen!«

Chefsache

Manchmal darf man Dinge tun, bei denen man hinterher sieht, dass man was geschafft hat, so zum Beispiel: Schuhe pflegen. Und das sollte dann – aber immer! – zur »Chefsache« erklärt werden! Denn: Bei der Schuhpflege kann man sich so richtig und nach Herzenslust unternehmerisch betätigen. Auch – oder gerade – sind Managementaufgaben in reinster Güte zu bewältigen. Denn technisches Geschick, Organisationstalent, Einteilung, Finanz- und Rechnungswesen, Forschung und Entwicklung sind bei der ordentlichen Schuhpflege genauso gefragt wie etwa das Personalwesen.

Gerade das letzte der aufgeführten Sachgebiete, das Personalwesen, sollte man bei der Schuhpflege genauso gut beherrschen wie im Betrieb. Man kann nicht jedem Dahergelaufenen sündhaft teures Schuhwerk anvertrauen und ihn bitten, diese Schuhe zum Beispiel ordentlich zu putzen. Das geht meist in die sprichwörtliche Hose! Entweder werden die Schuhe nach vermeintlich getaner Arbeit unsauber abgeliefert oder sie sind mit Schuhwichse so versaut, dass man sie besser gleich entsorgt ...

Um Schuhe ordentlich putzen zu können, bedarf es ausgezeichneter Qualitäten und hervorragender Referenzen. Wenn man glaubt, die Schuhe der Queen dürfe jeder putzen, dann täuscht man sich aber gewaltig! Und so sollte auch im »Unternehmen Haushalt« verfahren werden. Es ist auch keine Frage des Preises oder der Art der Treter, ob man sie mit höchster Effizienz oder eben nur schnuddelig putzt. Schuhe lieber wegschmeißen und neue kaufen, als ungeeignetes Personal an Leder, Lack, Samt, Kunststoff und so weiter lassen!

Dem Einkauf obliegt es, für ausreichendes und qualitätsvolles Schuhputzwerkzeug zu sorgen, das man zur ordentlichen Pflege einsetzen kann. Dies erfordert große Sachkenntnis, um kein Geld vorschnell zum Fenster hinauszuwerfen! (Und nun noch einen Tipp für die, die der Meinung sind: »Schuhe sind nicht so mein Ding, aber an Taschen könnte ich mich arm kaufen.« Taschen gehören genau so gepflegt wie Schuhe! Außerdem gehören schöne Taschen und Schuhe so untrennbar zusammen wie Knödel und Soße. Es sieht einfach »toll« aus, wenn eine Dame eine feine Handtasche von Celine neben sich herschlenkert und gleichzeitig in Reebok-Tretern zum Rock durch die Welt läuft.)

Verborgen bleibt beim guten Schuhputz auch nicht, ob der Putzer technisches Geschick hat oder eher nicht. Sind die Ränder ordentlich eingecremt? Ist das helle Oberleder mit dunkler Schuhcreme, die man zum Eincremen der Ränder benutzt hat, eingesaut? Technisches Geschick zeigt sich beim ordentlichen Schuheputzen auch darin, ob die Sohlen der Gummistiefel ausgekratzt sind. Oder hängt im Profil der Sohlen etwa noch der Acker vom vorletzten Spaziergang drin? Ebenso erkennt man einen guten Techniker daran, ob die Hacken rundum sauber und eingecremt sind oder nicht.

Aber die Schuhpflege beschränkt sich nicht nur auf das Putzen! Es gibt Situationen bei der Schuhpflege, da ist Krisenmanagement angesagt!

Beispiele gefällig?

Da hat man ein Paar Schuhe – sagen wir ... Casadei-Pumps mit hohen Absätzen – und ist beim Laufen in die Furche zwischen zwei Pflastersteine oder das Loch eines Kellerfensterabdeckrostes geraten. Ade Absatz! Wenn nicht gleich abgebrochen, dann hat man ihn zumindest verschrappt. Und möglicherweise zieht sich auch noch ein Dreiecksriss von der Absatzsohle in Richtung Ferse und der helle Kunststoff des Absatzes lugt freudestrahlend durch das Leder.

Oder man läuft so-mir-nix-dir-nix draußen rum. Sagen wir mal, weil man auf dem verbotenen Weg zum Schäferstündchen ist, und tritt in ein achtlos ausgespucktes Kaugummi, das sich in die Sohle eines »Bruno Magli« einfrisst und zu allem Überfluss noch die verräterischen Haare des Schäferstündchens oder dessen Hundes aufsammelt und nicht mehr hergeben will.

Also, wenn diese beiden Beispiele kein Krisenmanagement erfordern, dann weiß ich nicht, was sonst noch alles passieren soll! Die milliardenschwere Schmiergeldaffäre bei Siemens vor einigen Jahren ist ein Scheißdreck dagegen! Selbst die Bankenkrise, an der keiner schuld sein will, scheint verhältnismäßig ertragbar, zumal wir alle für die Fehler einiger weniger aufkommen müssen und das auch werden.

Wer kommt jetzt aber für die verhunzten »Casadei« oder die hartnäckig mit Kaugummi verklebten »Maglis« auf?

Keiner!

Man könnte sie nun schnell via Mülleimer entsorgen, was aber betriebswirtschaftlicher Unsinn ist. Also bleibt nur wieder einmal, diese beiden Schuhpaare zur »Chefsache« zu erklären, nach dem Motto: Der wird es schon richten.

Von weiß-der-Teufel-woher holen wir nun unser Profischuhreinigungswerkzeug und breiten es – am besten auf der Küchenarbeitsplatte, damit man sich nicht bücken muss – vor uns aus. Aber vorher haben wir natürlich die Arbeitsplatte mit Papier ausgelegt, damit es nicht etwa Flecken oder gar Dreck auf der Arbeitsplatte gibt. Wenn nicht, haben wir eine neue Krise!

So. Ein Griff und die Sucherei geht los. Wir holen aus unserem Werkzeugkasten die Tube mit dem Silikonfett hervor und ebenfalls die Tube mit Kövulfix.

Was? Was das ist, Silikonfett und Kövulfix?

Also! Ich sehe schon, es sind nur Semiprofis hier! Kein Wunder, dass es mit vielen Unternehmungen bergab geht. Und dass das getragene Schuhwerk aussieht, wie es meistens aussieht – grauenhaft.

Zur Reparatur von Schuhleder nimmt man keinen Kleber, der hart und möglicherweise auch spröde wird. Dafür nimmt man einen Kleber, der das Leder erst einmal weich macht und dann dauerhaft elastisch verklebt – also einen Kautschukkleber. Und Kövulfix ist so ein guter Kleber! (Und es soll keiner auf die Idee kommen, seinen Schuhen bei einer Lederkleinreparatur Sekundenkleber anzutun. Das ist dann so, als ließe man das Finanz- und Rechnungswesen von einem Zuckerbäckerlehrling in Ordnung bringen.)

Hartnäckige Verschmutzungen, wie zum Beispiel ein pappendes und verhaartes Kaugummi, bekommt man am besten mit Fett weg. Fett macht die Verschmutzung, wenn es in diese eingedrungen ist, geschmeidig und von den diversen Untergründen loslösbar. Und dazu eignet sich ein neutrales Fett am besten. Klares Silikonfett ist so ein Fett – man bekommt es in Apotheken.

Und sind nun die Vorbereitungen – halt eine Stecknadel brauchen wir noch – abgeschlossen, geht man an die Bewältigung der Krisen.

Den Kaugummi, der nun nicht nur auf der Sohle pappt, sondern vermutlich auch schon angetrocknet ist, verwöhnen wir mit dem Silikonfett und reiben ihn dick ein damit. Den so vorbereiteten Schuh legen wir erst einmal beiseite. Aber nur auf das Papier, mit dem man die Arbeitsplatte in der Küche ausgelegt hat. In der Zwischenzeit nehmen wir uns den »Casadei« vor.

Mit der noch eilig herbeigeholten Stecknadel fahren wir vorsichtig unter das Absatzleder und lösen Verunreinigungen, bevor wir an die eigentliche Reparatur gehen. Auch ein Arzt näht eine Wunde nicht einfach zu, ohne sie vorher zu reinigen.

Hat man das soweit erledigt, kann man schon einmal versuchen, mit den Fingern das Leder wieder an die Stelle zu ziehen, wohin es gehört.

Nun öffnen wir die Klebertube und geben auf die Stecknadelspitze etwas von dem Klebstoff und schmieren damit das verunglückte Leder ein. Man merkt recht schnell, dass das Leder dabei weich und dehnbar wird.

Das Leder wird, nachdem es weich geworden ist, an die Stelle gebracht, an der es einmal war, und fest angedrückt. Das ist jetzt aber keine Arbeit für Mädels, die ihre Fingernägel mit »kilometerlangen« Nail-Art-Tips verziert haben. Die sind dabei nämlich im Wege.

Während das wieder angeklebte Leder trocknet, nehmen wir uns den Kaugummi vor, den wir nun, nachdem das Silikonfett schön eingezogen ist, mit dem Papier einer Küchenrolle einfach abwischen. Weg ist er und es erinnert nix Verräterisches mehr an das Schäferstündchen!

Ist das Leder des Pumps wieder an der Stelle, an die es soll, putzen wir die Schuhe mit Schuhcreme und man sieht von einem verunfallten Absatz auch nix mehr.

Sind die Schuhe wieder fast wie neu, Schuhspanner rein und aufgeräumt.

Erklärtes Werkzeug

Nicht jeder – aber schon so mancher – hat bereits die unliebsame Bekanntschaft mit dem Teil, das ich hier erklären will, gemacht. Sei es, weil er zu spät und vollgesoffen, auf Zehenspitzen, damit ihn seine Alte nicht hört, durch die Zimmer schleichend, nach Hause kam und dadurch meinte, er entginge seiner gerechten Bestrafung. Oder weil er es von seiner häuslichen Regierung einfach nur so zwischen die Augen bekommen hat, weil die meinte: Männer hätten immer eine damit verdient.

Womit? Mit dem Nudelholz!

Also so ein Nudelholz ist, wie es der Name schon ausdrückt, in der Regel aus Holz. Es gibt natürlich auch welche aus Kunststoff – aber die halte ich persönlich für nicht so gut. Warum? Nun, ich denke, die sind nicht so schwer und außerdem sollte es dann auch nicht Nudel»holz«, sondern eher Nudelwalker oder Nudelrolle oder Teigrolle oder so heißen. Und nun stellt sich schon das nächste Problem: Man kann mit einem »Nudel«holz natürlich auch beispielsweise einen Plätzchenteig ausrollen – ich denke dabei an das ganze Weihnachtsgebäck!

Was ein Weihnachtsgebäck ist, muss ich aber jetzt an dieser Stelle nicht erklären. Oder doch? Also gut!

Weihnachtsgebäck ist ein wohlschmeckendes Backwerk – mit oder ohne Verzierung – das vorwiegend in der Weihnachtszeit gegessen wird. Dessen Auswirkungen sich aber noch bis weit in die daran angrenzende Jahreszeit auf den Hüften sehen lässt. Es soll sogar Wesen geben, die mit den Auswirkungen eben dieses Weihnachtsgebäcks bis weit in die Bikinizeit zu kämpfen haben. Und sich wegen der Hüftverunzierungen nicht in den Badeurlaub oder ins Schwimmbad trauen.

Aber zurück zu unserem Nudelholz.

Wie schon gesagt, sind die Dinger in der Regel aus Holz gefertigt. Und zwar oft aus Buchenholz. Und Buchenholz ist das Holz eines baumartigen Gewächses, das vorwiegend in heimischen Mischwäldern zu finden ist. Und aus diesem Holz wird fabrikseitig eine etwa 20–40 cm lange, massive Walze mit glatter Oberfläche gedrechselt. Diese Walze ist in der Regel zwischen fünf und zehn Zentimeter dick.

Nun ist so ein Nudelholz oft mit zwei Griffen an den Enden versehen, die entweder direkt aus dem Rundstab mitgedrechselt oder, wie heute üblich, über eine Achse verbunden sind, um die die Walze sich dreht. Die Griffe sind es, die dieses üblicherweise in der Küche benutzte Werkzeug auch zum Schlagwerkzeug werden lassen können.

Also fassen wir noch einmal zusammen: Wie das Teil nun definitiv heißen mag und aus welchem Material es gefertigt ist, ist jetzt nicht so ausschlaggebend. Es ist aber auf alle Fälle zum Ausrollen von Teig vor seiner Weiterverarbeitung gedacht.

Aber will man es auch für zu spät und besoffen Heimkommende als Schlaginstrument gebrauchen, dann sollte so ein Gerät schon aus Holz gefertigt sein. Denn: Wenn man eine mit dem Nudelholz bekommen soll, dann weiß man wenigstens, was das ist. Oder sagt man etwa: »Ich habe eine mit dem Wellholz zwischen die Augen bekommen?« Ich glaube eher nicht!

Wieviel Mann braucht frau wirklich?

Also, Ihr Mädscher und Ihr Buben, lasst uns mal ein Spiel spielen. Ein Spiel der Erkenntnisse!
Was, bitte schön, für Erkenntnisse?

Nein, keine, die uns sagen könnten, wer von den beiden denn nun besser wäre. Das ist albern und führt zu nichts! Außerdem gibt es vermutlich genug Gruppen, die meinen, sie seien eh die Besseren. Aber am Ende des Spiels werden wir etwas ganz Bestimmtes entdeckt haben!

Fertig?

Bereit?

Alles paletti?

Okay, dann geht es jetzt los!

Schnappt euch jeweils einen vom anderen Geschlecht. Also die Mädscher einen Buben und die Buben eins von dene Mädscher. Aber Achtung, mitspielen geht erst ab achtzehn und geschnappt wird auch nur, was älter als achtzehn ist! Nach oben gibt es keine Grenzen.

Was?

Ihr seid Singles?

Na, dann schnappt euch halt eine oder einen von der Straße, aus dem Biergarten oder sonst woher!

Ihr habt jemanden gefunden?

Prima, dann geht es weiter!

Als nächstes sucht ihr euch bitte einen Spiegel.

Einen Spiegel, der breit genug ist, euch beide widerzuspiegeln, und groß genug, dass ihr euch beide in voller Länge in dem Spiegel sehen könnt. Und nun zieht euch bitte vor dem Spiegel aus!

Was? Wie??

Nein, nur keine falsche Scham. Ganz ausziehen! Und die Kleider legt ihr ordentlich zusammen und verstaut sie auf einem Stuhl oder so. Nun, dabei merkt ihr schon, dass es beim Zusammenlegen und Aufräumen Pedanten gibt und solche, die es weniger genau nehmen. Aber wenn ihr Glück habt, steht jemand neben euch, der es genauso macht wie ihr oder wie euch das so gefällt.

Nun baut euch wieder vor dem Spiegel auf und betrachtet euch selbst. Und auch, oder gerade, gegenseitig – vergleicht euch!

Fangt von unten an.

Ja, ruhig bei den Füßen.

Was?

Schmutzige Füße? Überbeine an den Fersen oder am großen Zeh? Rissige Fersen? Hühneraugen? Zu lange Zehennägel? Schmutz unter den Zehennägeln? Abgestoßener oder abgeblätterter Nagellack? Oder hat sich gar das Strumpfmuster im Nagellack abgedrückt, weil ihr nicht so lange warten wolltet, bis der Nagellack richtig durchgetrocknet war, bevor ihr die Strümpfe angezogen habt? Egal. Seht jetzt mal über solche Nachlässigkeiten hinweg!

Jedenfalls habt ihr festgestellt, dass Weiblein und Männlein in etwa gleiche Füße haben. Meist sind die von den Mädchen etwas kleiner als die von den Buben.

Wobei man darauf aber heute auch nicht mehr unbedingt bauen kann. Es soll sogar »Manolos« oder »Ferragamos« oder, oder, oder in Schuhgröße 44 geben. Und die

Füße von den Buben sind oft auch etwas knochiger als die von den Mädchen.

Mann! Finger weg von dem Mädchen! Ihr sollt es nicht befummeln, sondern nur anschauen und vergleichen.

Also ihr Mädchen – ihr steht nun auf der Erde genauso wie ein Bub? O.k. vielleicht habt ihr etwas mehr Plattfüße als euer männliches Pendant. Aber sonst steht ihr doch genauso mit beiden Füßen auf der Erde wie die Buben!? Oder?

Und nun lasst eure Blicke weiter hoch wandern zu den Fesseln. Hat sich dort etwa schon Wasser eingelagert oder sind sie einfach sonst zu dick? Oder erblickt ihr möglicherweise sogar den Beginn eines säbelartig krummen Schienbeins? Sind es gerade Schienbeine, die sich Richtung Knie strecken? Habt ihr ein Glück!

Und nun schaut dahinter und betrachtet euch die Waden. Hängen die knollenartig wie Knoblauchzehen in der Gegend rum, dann kommt das von zu viel Sport. Oder sind sie vielleicht doch eher schlank und bilden über Fuß mit Fessel und Knie eine Einheit? So, als gehörten sie der Venus, die gerade dem Bade entstiegen ist?

Und wie sieht es mit dem Knie aus? Schön geformte Kniescheibe? Oder hängt sie vielleicht unter der Haut wie ein misslungener Reiberdatschi? Und nun wieder dahinter geblickt! Nur Besenreiser zu sehen oder schlängeln sich sogar schon, aus den Kniekehlen kommend, Krampfadern die Waden hinunter? So, wie man das häufig bei Menschen hat, die täglich viel stehen. Alles sauber? Wieder Glück gehabt!

Alles bis hierher richtig gesehen und verglichen? Ist es das, was Weiblein von Männlein braucht oder Männlein von Weiblein? Irgendwie nicht wirklich. Oder?

Und die Oberschenkel, bis hoch zur Hüfte? Gerade? Zu dick? Reiterschenkel? Muskulös? Oder mit Muskeln so zugepackt, dass sie in keine Hose mehr reinpassen? Stimmen die Proportionen zwischen Oberschenkel und dem, was man ab dem Knie nach unten sieht? Oder ist das eine Bein viel länger als das andere? Sind etwa auch hier Besenreiser oder Krampfadern zu sehen? Gibt es schon beim leichten Draufdrücken bleibende Dellen?

Und wie sieht es mit der Orangenhaut aus? Überzieht sie schon den ganzen Schenkel und wird nur noch von der 30den-Strumpfhose mit Zwickel einigermaßen in Form gehalten? Dellen im Po? Oder straff wie ein knackiger Apfel? Hier werden es die Buben etwas besser haben als die Mädscher. Denn in der Regel haben die Buben einen festeren Hintern.

Und nun ... nun fangen eure Blicke langsam an, sich Regionen anzuschauen, welche die wirklichen Unterschiede zwischen den beiden Geschlechtern ausmachen (die der eine vom anderen haben könnte oder muss – meist nur geliehener Weise)

Wirklich?

Hey, du, Bub, da hängt was! Nein, nicht das Würstchen, von dem du meinst, die Mädels stehen drauf. Sondern dein Bauch! Aber mach dir nichts daraus: Auch ein Arbeitsloser braucht ein Dach über dem Kopf!

Oder bist du hier etwa gebaut wie eine römische Götterstatue? Aber nur deswegen brauchen – im Sinne von »brauchen« – brauchen die Mädels das Dingens da und das, was dranhängt, wirklich nicht. Die leben heute in der Neuzeit und können sich, wenn einmal Not am Mann sein sollte, gegebenenfalls einer Riesenauswahl verschiedener Dildos bedienen. Und die sind unter Umständen viel praktischer als so ein empfindliches Würstchen. Denn diese Dinger gibt es in allen Größen und Stärken, sozusagen für alle Mädscher in der für sie passenden Form! Frei nach dem Motto: »Hat sie 'n Dildo in der Tasche, hat sie immer was zu nasche.« Und im Zweifelsfall tun es auch mal nur zwei Finger.

Also, noch mal, deswegen oder dazu brauchen uns die Mädchen nicht – jedenfalls nicht wirklich! Und eines Tages gibt es das, was aus unseren besten Stücken so rauskommt, wenn man sie lange genug reibt oder schüttelt, in der Apotheke zu kaufen oder noch einfacher im Internet zu bestellen – auch portofrei.

Und du, Mädchen, bist du wirklich sicher, dass du so ein Stückchen Fleisch mit einer Pelle drumherum wirklich brauchst? Der Rest, der da dran hängt, ist es doch, der die Probleme bereitet. Wenn nicht gleich »the day after«, dann nach vierzehn Tagen oder spätestens nach einem halben Jahr, wenn er festgestellt hat, wie du tickst, und er damit nicht einverstanden ist. Selbst wenn er diese Zeiten überdauert und ihr gemeinsam die Hütte macht, spätestens dann kommen die Zweifel auf, ob du mit dem, was da noch alles darüber und darunter zu finden ist, auch wirklich zufrieden bist.

Hält er dir das Händchen, wenn du dich mal nicht so fühlst? Begehrt er dich noch genauso wie in der Nacht, als er meinte, dir unbedingt zeigen zu müssen, dass er – und nur er – für dich der Richtige ist, wenn sich an dir oben genannte Nachlässigkeiten oder altersbedingte Erscheinungen an und auf deinem Körper breit machen? Oder steht er zu dem, wenn du es bis dahin schaffst, was er dir geschworen hat: ... bis dass der Tod euch scheidet?

Schenkt man den Statistiken Glauben, dass jede zweite Beziehung auseinandergeht, dann bist du, Mädchen, das da vor dem Spiegel steht, besser dran, wenn du beziehungslos bleibst – und bedienst dich lieber der Errungenschaften der Neuzeit! Du jedenfalls brauchst keinen Mann. Du bist alleine lebensfähiger! Geld verdienst du alleine auch besser als mit.

Es gibt natürlich auch solche, die es dreißig, vierzig, fünfzig und noch mehr Jahre miteinander aushalten. Aber Vorsicht! So was kann man nicht im Katalog bestellen oder im Laden kaufen! Das gibt es leider auch nicht geschenkt. Es bedeutet: aufeinander zugehen, sich miteinander beschäftigen, sich gegenseitig tolerieren, sich lieben und gegenseitig achten und nicht gleich die Flinte ins Korn zu werfen, wenn's mal nicht so läuft, wie man sich das so vorstellt und wünscht.

So, und nun zieht euch wieder an und geht eurer Wege.

Allein!

Das Spiel ist aus!

Armes Land

Am letzten Donnerstag – die Tiefgarage, die ich gerade verließ, schaute irgendwie freundlich und hell aus ... viel freundlicher als damals, als ich mit meinem Wagen, obwohl mich meine Frau noch vor ihnen – wegen der Enge der Parkbuchten – warnte, an einem Stützpfeiler hängen blieb und so die ganze linke hintere Seite des Gefährts aufgerissen wurde – steuerte ich meinen Schritt vorbei an einem Fischgeschäft, in Richtung Weihnachtsmarkt unserer Stadt. Die schmale Sichel des immer weniger werdenden Mondes lugte zwischen den Häuserschluchten hervor, als wollte sie mir zuwinken und sagen: »Bald ist wieder Mondwechsel – und dann geht es für dich Richtung ›Schwarze Fee‹«.

Immer wenn ich so dahinlaufe, zwischen dem Ausgang der Tiefgarage und dem Schlossplatz, auf dem jedes Jahr der Weihnachtsmarkt aufgebaut ist, lacht mich gegenüber vom Fischgeschäft ein schier unendlich großer Buchladen an. So, als wüssten meine italienischen Schuhe feinster Verarbeitung Bescheid, zogen sie mich auch dieses Mal hinein und durch die Gänge mit den Regalen und den Tischen, auf denen Bestseller für das Weihnachtsgeschäft gestapelt waren. Ich liebe über und über beschriebenes Papier mit für die Ewigkeit konservierter Sprache. Eingepackt zwischen zwei Deckel: zwei Buchdeckel. Rote, grüne, gelbe – ach, einfach in allen Farben der Welt lachen sie mich an, die vielen Bücher, fein sortiert nach Sachgebieten und Alphabet.

Was für den einen der Baumarkt ist, ist für mich ein Buchgeschäft. Obwohl, in einem Baumarkt kann ich ebenso die Zeit vergessen.

Mal geblättert hier, mal geblättert dort, war ich schon dabei, mein eigentliches Ziel für diesen Donnerstagabend zu vergessen, den Weihnachtsmarkt. Und ganz vergessen hatte ich ihn, als mich Langenscheidts neuester Buchtitel: »Hä?? – Jugendsprache unplugged« förmlich ansprang!

Ich griff nach dem Buch und begann zu blättern und zu lesen.

Nach nur kurzer Zeit war ich erstaunt, wie unzeitgemäß ich doch war! Ich habe mich in der Färbung der jugendsprachlichen Termini schon des Öfteren um- und neu orientieren müssen, beziehungsweise es auch gewollt, aber was nun auf die Welt und mich zukam, war selbst mir zu viel – und ich suchte mir dann doch lieber eine geeignete Sitzgelegenheit, um besser verdauen zu können, was ich, versunken in meinen Trenchcoat, las.

Cool ist nicht mehr »cool«. Jugendliche haben für diesen – ohnehin noch nicht bei allen angekommenen – Ausdruck schon längst andere Begriffe gefunden: abgespaced, groovy, buffig, king – oder ganz einfach: lässig. Und ein »Sixpack« ist demnach auch schon lange total uncool. Stattdessen spricht man jetzt von einer »Herrenhandtasche«. Einige Ausdrücke sind bereits in den ganz normalen Sprachgebrauch übergegangen, beispielsweise: »no go« als Ding der Unmöglichkeit, oder »spachteln«: essen. Bei anderen Begriffen lässt sich deren Bedeutung unschwer erkennen: »Dönern« etwa bedeutet »einen Döner verzehren« und die »Erzeugerfraktion« sind die Eltern.

Schon fast aufgeben wollte ich, als sich der »Asselanzug« oder ein »Popelstopper« durch meine nur spärlich vorhandenen Hirnwindungen fraß. Gemeint sind nach neuer Jugendsprache: ein Trainingsanzug beziehungsweise ein Schnurrbart.

Der »Teppichporsche«, gemeint ist ein kleiner Hund, stimmte mich dann doch wieder versöhnlich, ebenso die »Beraterpommes«, die für Sushi stehen und ich las weiter.

Bildhaft einprägen kann man sich Begriffe wie: »Knochenschleuder« (dünner Mensch), »Himmelhenne« (Nonne) »Intelligenzallergiker» (Dummkopf), »Saftschubse« (Stewardess) oder auch »Bananenbräuner« (FKK-Strand). Manchesmal führt der Slang aber auch total in die Irre. So steht »ficken« nicht mehr für das, was man landläufig damit verbindet – für Jugendliche heißt das heute ganz einfach »erwischt werden«.

Ich spürte, wie sich das Holzbrett, auf dem ich nun schon lange saß, langsam durch Trenchcoat, Hose, Unterhose, Haut und Fleisch Richtung Knochen zu bohren versuchte, als ich bei »Blechpickel (Piercing) ist bock toll« ankam und ein Junge, der sich vor mir aufbaute, meinte: »Ey Alter, ist voll krass, die Schwarte, die du dir da reinziehst.«

Entgeistert schaute ich auf und bedankte mich für das Kompliment: »Ja, ist schon abartig, die neue Jugendsprache.«

Ich beschloss, das Büchlein zu kaufen und es meiner Büchersammlung zuzuführen. Schließlich sollte man sich, als nur knapp über Fünfunddreißigjähriger, immer weiterbilden.

Er

Nach vorne gebeugt sitzt er, seinen Kopf in einer Hand abgestützt, auf seinem mächtigen Stuhl, spielt mit seinen frisch pedikürten Fußzehen im Flausch der Milchstraße und betrachtet sich das Treiben. Das Treiben auf einem Planeten. Oh, es gibt viele Planeten, auf denen es treibt, aber einen von ihnen hat er ganz besonders ins Herz geschlossen: diesen Blauen, dort vorne links.

»Warum? Weiß ich auch nicht«, zieht es durch seinen Kopf. Aber er mag ihn, obwohl er ihn schon öfter in die Insolvenz schicken musste.

Als er rechts hinter sich Schritte hört, schaut er auf und sagt: »Hallo, mein Sohn, du bist ja auch schon wach. Weißt du ... Irgendetwas habe ich falsch gemacht, mit dieser Erde.« Spricht's und wendet sich wieder dem Treiben auf der Erde zu.

»Meinst du, Vater?«

»Ja, alles ist mir dort gut gelungen – gelungen bis auf eine Kreatur. Sie hat zwei Beine, tritt für gewöhnlich einzeln oder in Massen auf und wurde von mir aus einer Positivform und einer Negativform gegossen. Sie sollten eigentlich zueinander passen, aber nicht einmal das bekommen die hin. Ganz abgesehen davon, dass sie sich ständig und zu jeder Gelegenheit die Köpfe einschlagen und sich gegenseitig anekeln.«

»Vater, sind das die, zu denen du mich mal geschickt hast, und die nichts Besseres mit mir zu tun wussten, mich, als sie mich überhatten, an zwei sich kreuzende Holzbalken zu nageln und obendrüber zu schreiben: INRI?«

»Ja, genau die meine ich.«

»Zu denen fällt mir auch nichts mehr ein, vor allem zu denen nicht, bei denen du auf eine Rippe der anderen zurückgegriffen hattest, damit man sie überhaupt hinbekam«, meint der Junge und setzt sich zu seinem Vater.

»Aber es war schon schön, damals«, kommt der Alte ins Schwärmen und legt seinem Jungen den Arm auf die Schultern. »Ich habe es halt versucht.«

»Na, Vater, ich weiß nicht, gelernt haben die ja doch nichts, und Schmerzen habe ich bei Wetterwechsel heute noch in meinen Händen und Füßen, von den rostigen Nägeln, die sie mir durch das Fleisch trieben.«

»Ich weiß, mein Sohn, ich hätte das nicht zulassen dürfen – aber ich war halt der Meinung, dass sie es nach dieser Geschichte begreifen, wie sie miteinander umzugehen haben. Schau, jetzt scheint wieder die Zeit zu kommen, in der sie deiner Geburt gedenken.«

»Ja, ja, das machen die jedes Jahr, um dieselbe Zeit: Weihnachten nennen sie diese Zeit. Und davor haben sie die Adventszeit eingerichtet, damit sie backen und sich Geschichten erzählen können. Und kaum sind diese Zeiten vorbei, geht das Spiel der gegenseitigen Missachtung gerade von vorne los. Und das jahrein, jahraus.«

»Junge, sie sind aber nicht alle böse. Ein paar sehe ich schon, die sich Mühe geben und die versuchen, rechtschaffen zu leben, so wie es mir gefällt! Und einen habe ich schon lange ganz besonders angenehm im Auge.«

Weihnachtsgeschichte

Es muss gewesen sein, als die meisten von euch noch gar nicht geboren waren und es sogar die euch Gebärenden noch nicht gab – möglich, aber egal, so um das Jahr neunundfünfzig war es. Max, die Hauptperson der Geschichte, war auf alle Fälle so Richtung Fünfe gehend und krank, sehr krank. Er hatte die Krankheit, von der man auf Schildern in ländlichen Regionen liest, dass die Rindviecher eben frei von dieser Krankheit sind, von der Tuberkulose.

Max, es war im November, saß auf der Rückbank eines dunkelblauen Käfers, schaute zum Fenster hinaus und wusste genau, dass Mama und Papa ihn wegbringen wollten. Weg von zu Hause, weg von seinen Freunden und seinem Bruder! Weg in eine Klinik, in eine Kinderklinik. Und dass er Weihnachten nicht zu Hause sein würde, hatte man ihm auch versucht beizubringen, bevor es losging mit der Fahrt. Sehnsüchtig drehte sich Max um, kniete auf der Sitzbank und schaute zum geteilten Rückfenster hinaus. Und sah sein zu Hause immer mehr entschwinden.

»Wo bringen mich Mama und Papa hin?« Mit dieser Frage beschäftigte er sich, als sich die Gegend so zu ändern begann, wie er sie vorher noch nie gesehen hatte. Es ging rauf und runter und die Bäume sahen alle so aus, als wären sie mit dunkler Farbe angemalt. So eine Welt hatte Max bis dahin noch nicht gesehen und er fragte: »Mama, wo sind wir?«, und Mama sagte: »Im Schwarzwald«.

Nach vielem rauf und runter durch den schwarzen Wald hielt Papa das Auto vor einem großen Haus, das ganz anders aussah als die Häuser, die Max kannte, an und sagte: »Max, wir sind da.« Max schaute immer noch ganz gebannt auf das Haus und sah Leute, die lange schwarze Kleider anhatten.

»Mama, warum sehen die so anders aus?«, fragte Max. Seine Mutter entgegnete: »Das sind Nonnen und die werden dir helfen, wieder gesund zu werden.« Nichts mit der Information anfangen könnend zögerte Max noch, aus dem Käfer rauszukrabbeln, als sein Papa den Fahrersitz nach vorne klappte und die Tür aufhielt. Mit vor Angst klopfendem Herzen nahm er lieber den Ausstieg auf Mamas Seite und stellte sich zu ihr.

Zwei dieser »schwarzen Wesen« kamen schnellen Schrittes auf Max und seine Eltern zu und verunsicherten Max noch mehr, als er eh schon war. Sie entpuppten sich als Frauen! Max war restlos daneben. »Warum um Himmels willen ziehen die sich so an? Ganz in Schwarz? Und die Gesichter sieht man auch kaum?« Der Eindruck überforderte sein kleines Hirn.

Eine dieser Frauen streckte Max die Hand zur Begrüßung hin und sagte: »Du musst Max sein, wir haben schon auf dich gewartet. – Und das ist Schwester Gertrud«, stellte sie die andere, auch schwarz Bekittelte, vor. »Und ich heiße Schwester Edeltraud«. Max machte seinen Diener und reichte den Frauen artig die Hand.

Rechts und links und rauf und runter schauend trottete Max seinen Eltern und den zwei Schwestern hinterher in das große Haus. Ein schwarz gefleckter Steinboden, weiß lackierte Wände und ein komischer Geruch empfingen ihn. Es wurde ihm immer unbehaglicher. Er wollte wieder heim!

In dem großen Saal, in den er und seine Eltern geführt wurden, waren viele Kinder gerade beim Essen. Max fiel auf, dass es mucksmäuschenstill war. Keiner sprang auf und begrüßte ihn, wollte mit ihm spielen oder fragte ihn was.

Max sah sich nach seiner Mutter um und bat: »Nehmt mich bitte wieder mit. Ich will heim!«

Papa schaute Max an und sagte zu ihm: »Das geht nicht. Du musst eine Weile hier bleiben, es wird dir schon gefallen.«

»Holt ihr mich wenigstens zu Weihnachten wieder ab?«, wollte Max dann noch wissen.

Schwester Elfriede nahm Max bei der Hand und sagte: »Das wird nicht gehen, Max, du bist sehr krank.«

Und verließ mit ihm den großen Saal.

»Mama, Papa, kommt ihr nicht mit?«, wollte er im Gehen noch wissen.

»Nein.«

Max wurde in ein Zimmer gebracht, in dem nur ein Bettchen stand. Auf dem Bettchen lagen sein Koffer und sein Teddy. Schwester Elfriede zog ihn aus und gab ihm einen Schlafanzug, der in den nächsten Tagen und Wochen seine Bekleidung sein sollte.

»Wo sind Mama und Papa?«, wollte Max wissen.

»Die sind wieder nach Hause gefahren.«

In den folgenden Tagen wurde Max geröntgt, man nahm ihm Blut ab und steckte ihm einen Schlauch in den Mund, den man bis in den Magen schob. Und immer wieder wurde Max in das Zimmer mit nur einem Bettchen gebracht. Keiner durfte ihn besuchen – keines der Kinder und seine Eltern auch nicht. Max spürte, dass Weihnachten immer näher rückte. Er aber lag in seinem Zimmer mit nur einem Bettchen und war, obwohl er sie mochte, traurig, dass er nur mit Schwester Elfriede sprechen durfte.

»Schwester Elfriede?«, fragte Max. »Darf ich denn wenigstens Weihnachten aufstehen? Ich will doch den Weihnachtsmann begrüßen und sehen, ob er mir etwas mitgebracht hat.«

»Max, das wird nicht gehen, aber wenn du schön artig bist, kommt der Weihnachtsmann auch zu dir hier herein.«

Max wurde immer trauriger, aber eines Abends passierte es: Die Tür ging auf und herein kam – der Weihnachtsmann. Sein Weihnachtsmann! Auf den er schon so lange gewartet hatte.

»Und, Max – warst du auch immer schön artig?«, fragte dieser ihn.

»Ja«, antwortete Max voller Ehrfurcht vor dem Mann mit dem Bart und dem großen Sack.

»Und was wünschst du dir von mir, Max?«

»Ich habe nur einen Wunsch: Ich will heim – wenigstens an Weihnachten.«

Der letzte Tanz ...

Die Sonne ...
sie geht nun immer später auf ...
Und unter schon viel früher als noch vor Wochen.
Es kommt nun die Zeit – die Zeit der Ruhe.
Vorbei die schwere Schwüle der Nächte;
vorbei die Zeit der grünen Kleider,
vorbei die Zeit des Erwachens und des Erblühens,
vorbei die Zeit der Hege und der Pflege.
Meine und viele andere Weiber putzen sich nun heraus
und ziehen sich frische Kleider an,
Kleider in unendlicher Farbenpracht.
Und sie tanzen im Wind, einen letzten fröhlichen Tanz ...

Dann?
Dann werden sie ihre schönen Kleider
einfach achtlos wegwerfen ...,
verzogen wie sie sind.
Und ich werde meine Weiber
dann anderen Herren überlassen müssen:
dem Nebel ...
dem Regen ...
dem Schnee ...
der Tristesse des Tages ...

Sie – die Weiber meiner Begierden ...!

Der Autor

Michael D. Wolf bezeichnet sich selber gerne als »Schulversager«. Dafür hat er es allerdings weit gebracht: Der ausgebildete Chemielaborant und Chemiemeister hat zwei Europa-Patente, ist seit vielen Jahren Unternehmer und arbeitet heute als Interim-Manager, Berater und Coach.

Wolf hat in seinem Leben Höhen und Tiefen erlebt. Doch ob das Leben ihn oben oder unten hat – er schafft es, jede Situation positiv zu sehen, getreu seinem Motto: »Man muss das Leben eben nehmen, wie das Leben eben ist: einfach!«

Diese Sicht der Dinge verschafft ihm eine heitere Ruhe – die in seinen Kurzgeschichten spürbar wird. Er macht sich Gedanken über das, was ihm das Leben täglich entgegenbringt. Denkt manchmal schräg, sehr oft um die Ecke und durchaus auch mal quer. Und am liebsten dann, wenn er im Garten seiner Schwiegereltern die Hecke schneidet.

Der erste Buchstabe, den der kleine Michael schreiben konnte, war ein »i«. Danach reihte er Buchstabe an Buchstabe, auch wenn seine Lehrer die Ergebnisse dieses Tuns nicht immer schätzten ... Doch Michael D. Wolf schrieb weiter. Bis er seine Geschichten eines Tages aus der Schublade herausholte und sie auch anderen zeigte. Zum Beispiel Anne Koark, die er auf einer Veranstaltung zum Thema Insolvenz traf. Sie meinte, dass seine Geschichten wunderbar zwischen zwei Buchdeckel passten. Und schlug auch gleich den Namen der Sammlung vor: »Der Heckenphilosoph«.

Was aus diesem Vorschlag geworden ist, halten Sie gerade in Händen ...

Monika Fuchs